AI金融时代

一场颠覆金融业态的
创新革命

余丰慧◎著

ZHEJIANG UNIVERSITY PRESS
浙江大学出版社

图书在版编目(CIP)数据

AI 金融时代 / 余丰慧著. —杭州:浙江大学出版社,2019.12

ISBN 978-7-308-19641-3

Ⅰ. ①A… Ⅱ. ①余… Ⅲ. ①人工智能—影响—金融业—研究 Ⅳ. ①F83

中国版本图书馆 CIP 数据核字(2019)第 221440 号

AI 金融时代

余丰慧 著

策　　划	杭州蓝狮子文化创意股份有限公司	
责任编辑	杨　茜	
责任校对	程曼漫	
封面设计	水玉银文化	
出版发行	浙江大学出版社	
	(杭州市天目山路 148 号　邮政编码 310007)	
	(网址:http://www.zjupress.com)	
排　　版	杭州朝曦图文设计有限公司	
印　　刷	杭州钱江彩色印务有限公司	
开　　本	710mm×1000mm　1/16	
印　　张	15.25	
字　　数	161 千	
版 印 次	2019 年 12 月第 1 版　2019 年 12 月第 1 次印刷	
书　　号	ISBN 978-7-308-19641-3	
定　　价	52.00 元	

前言

把握住金融演变的科技趋势

作为一个 1980 年开始参加金融工作的人，笔者近 40 年来一刻不敢懈怠地奋斗在金融行业。从基层银行高管人员到部门管理人员，从金融银行实践到金融前沿理论研究，从传统金融到新金融，几乎所有金融业务我都关注过、从事过、研究过。更重要的是，我目睹了中国经济金融改革开放的全过程，每一个重要阶段都让人心潮澎湃。今天的新金融带来的系列革命性变革最让我激动，如何把握住金融发展的方向与趋势，显得万分重要。

从金融实现方式的革命性转变上看，线下金融向互联网线上金融转移，PC 端金融向移动端转移是大势所趋。所有金融人都必须紧紧把握住这个发展趋势，才不至于迷失方向。谁拥有主要的基础性"资源"，谁就会占据主动，就会把握先机，立于不败之地。这个基础性"资源"就是：数据、流量、客户、网络平台。显然，大型互联网公司具有优势，传统金融机构处于被动地位。这就对传统金融转型提出了新要求，这个转型的内涵完全不同于传统银行过去确定的转型方向。决策者、监管者、从业者、投资者都要深深理解和把握这个金融方式的革命性变革方向。

科技驱动是未来金融发展的根本性工具与动力，这是第四次技术革命的题中应有之义。每一次工业革命，金融都伴随左右，这次同样不例外。放眼全球，中国在科技驱动金融上的线条和轮廓都比较清楚。

互联网金融阶段主要表现在将负债筹资端简单搬到互联网上，比如各类"××宝"产品、各类网络贷款平台等。在这个阶段，资金融通跨越地域，信息变得较为透明、对称。但是其中许多产品由于没有太高的技术含量，又远离了金融本质中的信用要素，从而使金融风险暴露出来。

数字化金融阶段比互联网金融阶段大大迈进了一步，直奔金融的本质而去。通过大数据征信，挖掘信用使得金融更安全。数据运用到金融领域是金融业的革命性变革、创新与升华。

AI（Artificial Intelligence，人工智能）金融也可以归类到数字化金融里面，但是侧重点又有所不同，我再三考虑后还是用另一个阶段来阐述。人工智能正在渗透到整个社会的各个领域，金融业冲在最前面。已经有许多人工智能专家预言，人工智能或率先在金融领域里取得突破。实践已经证明了，人工智能以前所未有的速度开始向金融领域进发。这是我在继《互联网金融革命：中国金融的颠覆与重建》《金融科技：大数据、区块链和人工智能的应用与未来》之后全力推出《AI金融时代》一书的原因。

《AI金融时代》着重从金融科技这个大范畴，以及AI金融发展落地情况、制度建设、金融监管、全球趋势、未来展望、观念理念武装等较为宏观的层面展开。

区块链金融时代将是对传统金融、互联网金融、数字化金融、人工智能金融等金融时代的革命与颠覆。其路径已经非常清楚，技术还有待成熟，实践也在等待落地，相信那时的金融将会更加精彩。

回到金融的信用本质上，科技进步对金融本质的一个升华是获取信用的手段不断科学化，新科技给解决信用风险问题提供了强大的技术支撑，其同样有三个阶段。

第一个阶段是通过深入交易对手那里实地调查获取信用的传统手段。比如，银行给客户贷款，过去是信贷员到企业里查看财报、调查企业生产经营基本情况，然后决定是否发生信用关系。由于所有资料都是企业提供的，真实性很难保证。信用获取难的问题一直困扰着金融部门，从而导致不良贷款等金融风险频发。

第二个阶段是通过大数据、云计算和人工智能等现代科技手段获取信用。金融机构主动挖取并分析客户在网络上预留的数据，不需要客户提供资料就可以做出信用评价。目前中国已经广泛使用这种手段，实践证明，效果是非常好的。这是一个本质性的变化。

　　第三个阶段就是区块链技术,没有中间环节便可以直接获取信用信息。区块链技术的第三大功能是全员信用书,不需要通过大数据,也不需要通过云计算挖掘信用信息,每一个交易对手的信用信息随时随地都能查到。

　　以上金融业发展的三大趋势归集到一个核心就是:金融科技化。未来所有的金融机构都是科技公司。

　　为大家指明金融业的发展方向与趋势是本书肩负的主要任务。在写作过程中,中国金融业也在不断发生变化。本书许多内容都是基于写作时的 AI 金融现象所进行的阐述,因此,读者应该将此书放在历史背景下阅读。

　　未来金融的变化,会在本书再版时不断补充进去。

目 录

第一章 AI 金融来了

第二章　从移动支付到智能支付

第三章　传统金融机构地位岌岌可危

第四章　智能投顾刮起"智投"风

第五章　金融赛道下半场，科技巨头"入侵"

第六章　AI 金融时代，监管的挑战

第一章

AI 金融来了

第一节
人工智能掀起浪潮

2017 年 5 月 27 日,谷歌的人工智能阿尔法狗(AlphaGo)第三次战胜世界排名第一的中国棋手柯洁,标志着人工智能在围棋领域已经战胜了人类。

随后,人工智能 AlphaStar 又在美国时间 2019 年 1 月 24 日,战胜了《星际争霸 2》的人类职业高手。不过,比起引发全球关注的围棋"人机大战",此次人工智能与人类游戏高手的对决没有引起很大的反响。但这场比赛不能不引起人们的重视,面对数倍于围棋世界的动作空间和不完美信息博弈的"战争迷雾",人工智能依然取得了胜利,这意味着人工智能将会有更深层次的发展。

在应用层面,人工智能已经在医疗领域得到较多的实践与应用。而更多的人工智能专家预测,人工智能未来的最大突破口会在金融领域。

乌镇的启示

2017 年 5 月,在为期 5 天的"中国乌镇·围棋峰会"中,世界排名第一的中国棋手柯洁与 AlphaGo 2.0 展开人机大战。三番较量最终以 0∶3 的比分、柯洁无一胜绩收场。第一局,柯洁以四分之一子惜败 AlphaGo;第二局,柯洁盘中认输;最后一局,柯洁再度盘中认输,终结了这场轰轰烈烈的人机大战。

在这场人机大战中,超一流棋手的评论令人印象深刻。第一局比赛结束后,中国棋圣聂卫平直言,人类与 AlphaGo 不在一个量级上。在最后一局的比赛中,聂棋圣竟然说,AlphaGo 是二十段,而人类只有九段。

另一位围棋大师常昊九段解说称,2016 年与李世石对战的 AlphaGo 还有点人类的影子,现在的 AlphaGo 则完全有着自己的招数,人类很难预测。可以这样解释,2016 年在与韩国棋手李世石的对决中,AlphaGo 在云端储存的超过 16 万个人类棋谱的基础上,又通过与自身的对战完成了 3000 万个棋谱的对决,最终得到了几千万个模式来对抗人类高手。

这就是为什么在当时的比赛中,一位韩国专家呼吁叫停,AlphaGo 是在愚弄人类,几百个棋手对战李世石一人,岂能不胜?

柯洁遭遇的对手更加不同,其时的 AlphaGo 2.0 已经不需要依靠任何外来数据和人类棋谱,仅凭借自身的不断对弈,就可以发掘各类棋路和变数,在不断的攻守中推导出各类对决的方案和方法。简单来说,就是不接受任何人类围棋经验，只需要知道规则，然后自己跟自己对战，就能从博弈中不断学习和提升。

这或许已经验证了马云所展望的，人工智能不需要学习与模仿人类，而是直接超越人类。AlphaGo 正在实现这个目标，这才是 AlphaGo 2.0 的可怕之处。

AlphaGo 2.0 对人类传统思维及围棋经验的彻底颠覆，不仅震惊了传统围棋界，更震惊了全世界各个领域与行业。AlphaGo 2.0 让所有人发出的最大感慨是，AlphaGo 走出的棋路，传统围棋大师们根本不理解，甚至认为是臭棋。直到落败之后，传统棋手们才回味过来，那招"臭棋"原来是妙棋。也就是说，按照传统围棋的路子已经理解不了 AlphaGo 的走法了。

此刻，人们最需要深刻思考的是，人工智能已经吹响了走向新时代的号角，接下来还有哪些领域会被攻克？

金融、医疗、教育、法律、制造业、服务业及一切中介化机构、行业，或许很快都将被人工智能攻克。以笔者熟悉的金融行业来说，金融分析师们是否正在瑟瑟发抖？对冲基金用人工智能收割市场已经"磨刀霍霍向猪羊"了。

全球著名的金融企业，包括高盛、摩根大通、德银、瑞银、花旗及美欧日的保险公司都开始研发甚至已经在使用智能投资顾问了。对冲基金也已经开始布局人工智能领域。比如桥水对冲基金公司（Bridgewater Associates）、文艺复兴科技公司（Renaissance Technologies）、双西投资公司（Two Sigma）、城堡投资集团（Citadel）、德劭集团（D. E. Shaw Group）等公司都在组建自己的人工智能团队，从知名科技公司挖人，使用投资算法购买和出售股票、债券、货币和其他资产。

人工智能可能会让交易员、基金经理失业，未来人工智能可能会打败主动投资的最高峰——巴菲特、索罗斯，就像 AlphaGo 战胜世界围棋冠军一样。未来，金融行业或许会是被人工智能攻克的第二个行业。

有投资经理充满危机感地说：在投资领域，人工智能先从辅助决策开始，到了一定程度，就可以学习顶尖投资经理的策略和风格。蓝石资管创始人、董事长朵元表示："和国际象棋、围棋一样，人工智能可以学习加里·卡斯帕罗夫、李世石的路数。下棋是打谱，投资就是复盘。如果能够复盘上亿次，总结其中的规律，发现自我学习的路径，就可以复巴菲特的盘，复索罗斯的盘，学习他们的投资路数。"

既然在围棋领域，人工智能已经战胜了人类，那么它离炒股、金融投资领域的胜利还会远吗？

无论如何，人类应该提早主动改造和提高自己，应对与适应人工智能的冲击，把握人工智能的发展方向。这或许是乌镇"人机大战"带给全人类最明确的启示。

AI 大胜《星际争霸 2》职业选手

2019 年，美国又传来了 AI 实验出现重大突破的消息。英国科技公司

DeepMind 开发的全新 AI 程序 AlphaStar,在美国时间 2019 年 1 月 24 日晚间的《星际争霸 2》人机大战直播节目中,轻松战胜了 2018 WCS Circuit 排名 13、神族最强 10 人之一的 MaNa。实际上,AlphaStar 以 10∶1 的战绩,全面击溃了人类职业游戏高手。战败的不止 MaNa 一人,还有另一位高手 TLO。

人工智能在《星际争霸 2》上的进步速度,远远超过了此前外界的预期。毕竟与下围棋这件事相比,打《星际争霸 2》要难得多。

在围棋世界,动作空间只有 361 种,而《星际争霸 2》大约有 1026 种。

与围棋不同,星际玩家面对的是不完美信息博弈。"战争迷雾"意味着玩家的规划、决策、行动,要一段时间后才能看到结果。

对于人工智能而言,这类游戏比国际象棋、围棋等棋盘类游戏来得更难,不仅因为没有最佳策略,也因为人工智能无法像下棋一样通过观察前面棋子的移动来计算下一步棋,而必须实时做出反应。

面对《星际争霸 2》的复杂性,鲜有系统能与职业选手的技术相媲美。

不过,AlphaStar 与普通人工智能不太一样,它使用的深度神经网络是通过监督学习(supervised learning)和强化学习(reinforcement learning)直接从原始游戏数据当中训练出来的。也就是说,它成长的每一步都是一场完整的比赛。这意味着,AI 要学习如何进行长远的布局谋篇。

我这个不懂技术的人隐约感到,AlphaStar 与 AlphaGo 的不同点在于:AlphaGo 是通过大数据、云计算,利用历史数据计算出应对的棋步;而 AlphaStar

不仅利用大数据和云计算,还主要利用深度神经网络,通过监督学习和强化学习,掌握技巧后开始对弈,边战斗边学习边提高,这个就厉害多了。

这是继 AlphaGo 在围棋界战无不胜之后,人工智能再向游戏与电竞行业进军,标志着人工智能继续大踏步向深度挺进。

与 AlphaGo 打败中国棋手柯洁后柯洁的感想一样,MaNa 在赛后说他从 AI 身上学到了很多。TLO 的说法跟李世石输给 AlphaGo 后的发言很像,他说:"相信我,和 AlphaStar 比赛很难。不像在和人打,有种手足无措的感觉。"他还说,每局比赛都是完全不一样的套路。

围棋与游戏是两个需要深度动脑的领域,也正是人工智能的用武之地。在这两个领域成功突破后,人工智能在分析金融市场、判断经济方面的应用还会远吗?

人工智能是未来几年最重要的科技创新领域,也最有可能取得突破。毋庸置疑,它是市场前景最好的行业。

由智能看脸诊病想到 AI 金融

2019 年 1 月 7 日,总部位于波士顿的人工智能公司 FDNA 发布了一项最新研究:通过训练分析数万张真实的患者面部图像,人工智能能够以较高的精度从人脸照片中识别出罕见的遗传综合征。约有 8% 的世界人口受到遗传综合征的困扰,此类患者往往具有可识别的面部特征。

这是人工智能在医学遗传领域的重大突破。如果通过远程观察脸部图像就可以识别出疾病，那将是人类医疗史上的里程碑，突破之一就是远程跨时空诊断遗传病。这样，在世界各地，特别是欠发达地区的人们也可以享受到来自美国等发达国家的最先进的医疗设备与最高水平的医疗技术。突破时间、空间等物理条件限制是网络、AI、大数据、云计算等新科技对人类的最大贡献，这种贡献是革命性的。

5G 进入人类社会并且大面积地发展推广，给新科技特别是人工智能的应用提供了强大的基础。每一个人只要手握一部移动智能手机设备，就可以随时随地使用包括诊断疾病功能在内的高科技应用。

作为一名经济、金融研究者，笔者从 AI 使用脸部图像诊断遗传疾病的应用可以想象出，人工智能在金融领域的应用或许更加广阔。人工智能专家李开复曾预言，人工智能会率先在金融领域取得突破。

人工智能可以进入金融的各个领域，例如替代重复简单、操作性劳动的柜台操作员、大堂经理等。目前，已经有很多银行在营业大厅设置了机器人经理，实践证明效果是好的。

在复杂金融的劳动领域，人工智能使用的空间与潜力更大。目前，高盛集团、摩根大通集团等都开始斥巨资研发人工智能在金融领域的应用，特别是金融分析师、股票分析师等。AI 金融分析师在美、欧、日的大型金融机构都已经取得很大进展。高盛集团、摩根大通集团的 AI 金融分析师对金融市场走势及股票等金融产品价格波动趋势预测的准确率已经达到很高的水平，已经部分跑赢人工分析师。AI 分析师取代人工分析师的时代已经越来越近了，证券、投行、基金公司、保险公司、银行资管等分析师的危机感已经非常强烈了。

AI 金融分析师主要是基于大数据，通过智能程序算法历史模型等抓取趋势性数据，从而预测走势。这就牵扯到另外两大问题：一是算法，金融分析模型的制定，即 AI 算法制定非常关键。算法是金融人工智能的核心，如果算法模型漏洞百出，结果就可想而知了。因此 AI 金融算法是核心，是灵魂。二是算力，即计算能力。计算能力是一个国家、一个企业甚至一个人的核心竞争力。

大数据是基础，是从地下挖出来的矿石，把这堆矿石挖掘出来后，关键在于选矿与冶炼技术的能力与水平。利用不好或者不利用大数据，它就是一堆破铜烂铁。各个企业的算法与算力差异很大，好的算法和强大的算力能够最大限度地从大数据中获取"宝贝"；差的算法和弱小的算力，就算是品位再高的大数据矿藏也无法提炼出"宝贝"。

目前，中国的人工智能研发进展非常快，但是总体仍落后于美国。发展人工智能特别是 AI 金融，最主要依靠的力量应该是民企民资，特别是有大数据积累的阿里巴巴、腾讯等大型互联网公司。

国有金融发展 AI 金融应该与有数据积累的大型互联网巨头合作，特别是腾讯、阿里巴巴、京东、美团等。依靠国有金融本身拓展 AI 金融的大数据积累是远远不够的。

目前,中国 AI 金融发展可谓前有强敌,后有追兵:前面有美国等发达国家的阻击与打压,后面有印度等国家的追赶。中国 AI 金融发展一刻也不能松懈。

AI 的价值突破口在金融业

2019 年 4 月 8 日,在 DeeCamp 2019 人工智能训练营启动仪式上,人工智能专家李开复透露,普华永道 2018 年的研究显示,AI 将在 2030 年给世界带来 100 万亿元人民币净增的全球 GDP,相当于 2018 年中国与印度的 GDP 之和。

这个估计其实很保守。据这个研究,AI 要到 11 年后才能给世界创造 15 万亿美元的 GDP,而美国 2018 年的 GDP 总量就突破了 20 万亿美元,达到 20.5 万亿美元,11 年后 AI 的贡献仅仅为美国目前 GDP 的 73%? 笔者相信远远不止这个数。

AI 将改变的是现有几乎所有的领域,这就决定了其创造的有形和无形的价值是无限的。AI 创造的价值主要通过两个方面衡量:一是 AI 行业企业自身生产的 AI 产品创造的价值,比如生产人工智能机器人公司创造的价值等。二是 AI 产品技术创造的价值,即 AI 产品工具渗透应用到各个行业、产业所创造出的增加值。比如:AI 金融分析师创造的服务价值,给投行创造的利润收益,减少高薪人工分析师的聘任而节省的人力费用;银行 AI 机器人的使用,企业管理决策机器人的使用,律师、医生 AI 机器人的应用;等等。也就是说,人工智能机器人或许可以运用到任何行业,给这些行业带来的价值总和将是非常巨大的。

这其中有一个思路必须明确,那就是工业机器人与 AI 机器人的区别是前者替代简单劳动,后者替代复杂劳动。在服务业中最高端的金融分析师等,AI 都试图去取代。

这也就决定了,未来哪个国家掌握了 AI 的核心技术,也就从根本上控制了全球发展的制高点。实际上,未来的竞争焦点集中在第四次技术革命的核心技术上,也就是新经济、新科技、新金融的竞争。其中,AI 与区块链两大技术将会是焦点中的焦点,这也是中、美等有远见的大国提前布局高科技领域的原因。

国际 AI 专家纷纷预测,AI 在未来的最大突破口应该是在金融领域。近两年来,国际大型金融机构都在斥巨资研发人工智能金融分析师,成效非常显著。2018 年年初,日本保险公司就率先在理赔赔付部门使用 AI 机器人代替人工。美国的高盛、摩根大通、摩根士丹利、花旗银行等都在斥巨资研发 AI 金融分析师,在实验性地投入使用后,据报道分析其精准率接近 90%。最引人注目的是,总部在美国的特许金融分析师(CFA)协会迅速将人工智能列入考试项目。

AI 和区块链技术将主导新金融发展的未来,未来服务业创造的价值将在 GDP 中占比最高,而属于高端服务业的金融业创造的价值或将最大。

同时，AI 在金融业的发展或将改变全世界的金融格局。目前，全球金融话语权基本被华尔街掌控，这种掌控手段是传统的。随着互联网金融、金融科技、AI 金融、区块链金融等新金融的崛起，华尔街的优势不再明显。而中国在新金融包括 AI 金融上有自己的优势，按照中国的发展势头，在以 AI 为主的新金融时期，中国会与美国分享话语权，现有的金融格局将会有所改变。

对于中国来说，未来庞大的人工智能 GDP，是一个求之不得的新动力。开发和激活这个新动力的切入口是金融。中国与美国的一个很大的区别是中国国有金融占比很高，这就决定了发展 AI 金融离不开国有金融的参与和投入。目前，国有金融在 AI 技术上还应该继续加快进度。

发展 AI 金融的真正动力在于民营金融企业特别是大型互联网公司，必须把发展民营经济与民营金融企业放在前所未有的位置。可喜的是，中国近几年出现的网商银行、微众银行、蚂蚁金服、百度金融、京东金融、小米金融等金融机构都具有拥抱 AI 的基因，而且正在如火如荼地从事着研发工作，它们给金融业带来巨变指日可待！

第二节
AI 金融时代，中国还能领先吗？

中国在互联网金融及金融科技上取得了不小的成就。在全球互联网金融、移动支付全球市场、网络贷款和理财及代销金融理财产品、众筹等一批互联网金融创新产品的开发应用方面，中国都占据了主导地位。在互联网金融阶段，中国是全球的主导者与发起者，对全球互联网金融发展影响非常大。

不过，从科技渗透的深度与科技含金量上来分析，互联网金融是浅层次的，其服务的主要是草根金融需求、小商业金融需求等。我们之所以把其称作互联网金融，是因为其主要是将线下金融搬到线上来做，在金融核心信用的获取采集上，利用大数据、云计算来获取，这对于金融业来说当然也是具有革命意义与颠覆意义的。

而从互联网金融到金融科技的过渡与转换过程中可以看到，欧美日特别是美国才是在做真正的金融科技。

金融科技最重要的三大内涵是：大数据云计算、人工智能和区块链。而在人工智能、区块链技术方面,美国的最前沿地位是毫无争议的。汲取了互联网金融落后的教训,美国大型互联网巨头们都在斥巨资研究金融科技,特别是人工智能和区块链金融。亚马逊已经向金融科技全方位进击,苹果公司、谷歌已经捷足先登,Facebook(脸书)、微软等巨头都在强力推进云业务、人工智能和区块链技术。

在中国已经比较"成功"的云业务上,尽管阿里巴巴、华为、腾讯三大公司在国内大众眼中都是巨无霸级的,实际上我们却不得不承认,中国的云计算服务器在总量上和国外还有很大差距。腾讯贵安七星数据中心一名云计算从业人士透露说,中国人均服务器柜机面积仅为美国的三十分之一,中国所有云服务商服务器加起来还不如亚马逊云服务平台一家多。

而在人工智能、区块链技术的研发上,中国与美国的差距就更大了。

互联网是美国的,区块链是俄罗斯的?

区块链是争议最大的新科技项目。世界经济论坛创始人施瓦布在其《第四次工业革命》一书中说,它是第四次技术革命的核心技术。当然,也有人说它只是噱头和炒作。

金融从诞生那天起就是中心化、中介化、中间化的。市场经济较计划经济的优势在于配置资源上的高效率。不过,市场经济在运行中由于中心化、中介化机构企业过多,既降低了效率,又增加了成本。这与市场经济的优势背道而驰。

怎么办？依靠市场经济自我革命是靠不住的；依靠政府有形之手，改革成本太高，既得利益阻力重重。一个出路就是依靠技术来倒逼改革，特别是依靠无法阻挡的技术革命来推进改革。移动支付等金融科技对传统金融的颠覆，网约车对传统出租车体制的革命，电商对传统实体店的冲击，共享单车对传统出行模式的革命等，都是技术进步倒逼改革的例子，这样的例子不胜枚举。

我们应该看到，在新技术革命层出不穷、日新月异的今天，新技术或许正在形成新的垄断，而市场形成的垄断正在阻碍新技术革命的发展。因而必须有更新的技术诞生，继续扮演颠覆者、革命者的角色。比如，目前的苹果公司、亚马逊、脸书、微软、谷歌、阿里巴巴、腾讯等大公司已经垄断了全球数据，怎么办？区块链技术的诞生或将改变这一现状。

也就是说，谁掌握了区块链技术，谁就将彻底掌控未来最新科技创新的竞争力。这或许就是目前有眼界、有前瞻性的国家争夺区块链技术话语权与标准制定权的原因。

这些国家中就包括俄罗斯。在国际标准化组织（International Organization for Standardization，ISO）会议上，俄罗斯代表团的团长格里戈里·马尔沙寇（Grigory Marshalko）发出了让西方惊讶的声音："等着瞧吧，互联网属于美国，但区块链将属于我们。"

有一点一定要注意，俄罗斯的体制是很独特的，它在政治上有点集权，但经济体制是完全市场化的。例如,俄罗斯汇率是市场化的,卢布是自由兑换的。

俄罗斯面临的最大困难是西方国家多年的制裁,并且制裁力度一直在加码。俄罗斯国内经济步履维艰,人民生活每况愈下。尽管如此,其在新经济新科技上的研发能力上还是提高很快。

在比特币与区块链的技术上,2017 年,俄罗斯总统普京和以太坊(Ethereum)创始人维塔利克·布特林(Vitalik Buterin)短暂会面。以太坊是仅次于比特币的第二大虚拟货币平台。普京将区块链作为俄罗斯"数字经济"项目的核心,俄政府还对打造类似比特币的加密卢布进行过讨论。

俄罗斯民间企业对于加密数字货币与区块链技术的研发也非常踊跃积极。2017 年夏天,ISO 区块链小组俄罗斯代表团的一位成员马克西姆·舍甫琴科(Maxim Shevchenko)在俄罗斯发表了一番谈话,谈到俄罗斯在 ISO 的目标。他的发言要点包括:"影响这项技术的可能性"和"在全世界推广俄罗斯的标准和解决方案"。俄罗斯要在区块链技术上争夺话语权,成为国际标准的制定者。2017 年,俄代表团的另一位成员阿列克谢·尤里维斯基(Alexey Urivskiy)称,ISO 的代表应该将俄罗斯的加密算法引入标准中。

俄罗斯力求制定区块链的国际标准,接下来会尽全力来研究。俄罗斯在区块链技术上的发力不可小觑。

新加坡、澳大利亚是两匹黑马

当然,俄罗斯想成为区块链技术的国际标准制定者,这可难度不小。因为在全球区块链标准制定权的竞争中,欧洲国家和亚太国家走在了前列。

欧洲国家中,英国在现阶段区块链创新竞赛中处于突出的领先地位,其诸多创新举措为其他国家在区块链领域的政策制定与研究提供了重要参考。

2015 年 11 月,英国金融行为监管局(FCA)发布了《监管沙盒》①指引文件,首次提出监管沙盒的核心意义与具体实施要求,为区块链等金融科技企业在监管政策不确定的情况下提供了一个安全创新的环境。FCA 至今已完成共三批测试招募,在正式进入测试环境的企业中,区块链方向的超过半数。

2016 年 1 月 19 日,英国政府发布了《分布式账本技术:超越区块链》白皮书,第一次立足国家层面对区块链技术的发展进行了全面分析,并给出了研究建议。

新加坡、澳大利亚成为亚太地区的两匹黑马。

尽管日本、韩国及中国在数字代币交易所、挖矿基础设施领域占有全球

---

① 监管沙盒(Regulatory Sandbox)的概念由英国政府于 2015 年 3 月率先提出。按照英国金融行为监管局的定义,"监管沙盒"是一个"安全空间",在这个安全空间内,金融科技企业可以测试其创新的金融产品、服务、商业模式和营销方式,而不用在相关活动碰到问题时立即受到监管规则的约束。

领先份额,但就政府层面对区块链技术研究投入和政策支持力度而言,新加坡已成为亚洲国家中的领先开拓者。

新加坡金融管理局(MAS)于2016年11月发布了《金融科技监管沙盒指引》文件,成为继英国之后第二个落地金融科技企业沙盒监管的国家。

在此之前,新加坡政府还与IBM合作建立了区块链技术创新中心,共同推进区块链技术的应用和发展,并出资支持区块链记录系统项目,着力打造为期5年、耗资2.25亿美元的金融科技投资计划。

从2015年起,新加坡金融科技创业即显著加速,英国创业加速器项目Startupbootcamp FinTech和FinLab,以及星展银行、花旗银行、瑞士信贷、大都会人寿、瑞士银行等金融机构纷纷在新加坡设立了创新实验室。

澳大利亚在区块链技术的研究布局方面出手并不算早,但胜在能够一体化统筹政策创新及具体的业务改革,多管齐下,迅速推动各项区块链创新计划落地。

在政策方面,澳大利亚证券投资委员会(ASIC)2017年2月发布了《金融科技产品及服务测试》监管指引文件,跻身于全球沙盒实践的第一梯队。而且与英国、新加坡不同,澳大利亚的沙盒不需要公司申请许可,ASIC直接在监管指引文件中发布了监管豁免条款,只要符合特定条件并告知ASIC即可开启测试服务。

在业务改革方面,澳大利亚证券交易所(ASX)于2016年采用区块链技术对其清算和结算系统进行升级,澳大利亚邮政计划将区块链技术应用于身份识别及选举投票领域。

澳大利亚标准协会则于 2017 年 3 月发布了《区块链标准化路线图》,对区块链应用的一系列重要问题进行研究。

美国凭借累积优势稳扎稳打,但已有渐渐失去领导权的趋势。

从监管制度创新及技术标准化引导方面来看,美国政府确实落在了欧洲国家和部分亚洲国家的后面。

美国凭借互联网技术标准制定权的优势,在 20 世纪发展起 IBM、微软等一批全球 IT 巨头,而这些企业在区块链全球产学研布局中发挥着重要的掌舵作用,极大地推动了区块链资本向美国聚拢,带动了美国一大批数字代币交易平台等区块链初创企业的崛起。

也许正因为美国科技企业数十年来始终保持着强大的创新惯性,美国政府并未在鼓励、引导区块链创新方面花多少心思。然而,随着区块链产业化进程的推进,美国将会在该领域迎头赶上。

如火如荼的国际区块链技术话语权与标准制定权的争夺,能不能唤醒还在沉睡的一些国家呢?

印度正在崛起

印度这几年的发展速度可谓吓世界一跳。乘着新经济新科技新金融的东风,依靠改革开放的路径,印度真真切切地崛起了。

巴菲特首次投资南亚就选择了印度,并且打破了几十年坚持的原则,投资了印度Paytm移动支付母公司。这背后折射出的是印度通过改革开放吸引全球资本蜂拥进入的大好局面,以及它快速超越新兴市场国家的远大目标和野心。

蓬勃发展的印度移动支付是一个时代的缩影。印度媒体《经济时报》(*Economic Times*)报道,巴菲特执掌的伯克希尔·哈撒韦(Berkshire Hathaway)公司证实,它计划入股印度One97 Communications Limited集团(简称"One97公司"),该集团拥有印度最大的移动支付公司Paytm。伯克希尔·哈撒韦公司计划购买One97公司3%~4%的原始股,对应的投资额将在2.854亿~3.567亿美元之间。若这笔投资确定,那将使这家印度公司的估值超过100亿美元。

更重要的是,此举表明伯克希尔·哈撒韦公司正在越来越多地拥抱新科技。以往几十年,巴菲特都对科技公司敬而远之,理由是"不投自己不了解的行业"。而现在,伯克希尔·哈撒韦公司的第一大重仓股就是科技巨头苹果公司。

对于伯克希尔·哈撒韦公司投资Paytm,国际社会怎么说?彭博社援引普华永道印度分公司合伙人迪尼斯·阿罗拉(Dinesh Arora)的评论:"这是一种模式转变。"目前,在线金融服务在印度金融市场上只占到一两成,但它在这个拥有13亿人口的国家有着巨大的潜力,将把印度人的储蓄、借贷和投资行为统统带入智能手机。

千万不要小看一个小小的移动支付工具，它依托移动互联网，可以牵一发而动全身，衍生出许多新科技新经济模式，是一个重要的突破口。

印度新科技新金融的发展，用中国互联网媒体"华尔街见闻"一篇文章的说法是，其植根于三大"沃土"，这三大"沃土"每个都无比重要。

一是印度政府的改革开放是对新科技、新经济、新金融的最强有力支持。众所周知，自 2014 年现任总理莫迪上台之后，印度政府便开始致力于强力打击腐败、洗钱等行为，如 2016 年 11 月 8 日印度政府突然连夜开展的"废钞运动"。除此之外，莫迪政府还极力推进无现金交易，这使该国移动支付市场迎来黄金时机。

二是中国科技公司与移动互联网及终端的发展对印度起了一定的助推作用。移动支付快速的普及与发展，前提与基础是智能手机终端的快速普及，在这方面中国帮助印度实现了梦想。

小米、OPPO 等中国手机制造商在印度市场大举推广平价手机，以及当地移动网络公司激烈竞争带来的低廉通信费用，使印度在移动技术和设备领域实现了跨越式发展，直接步入了智能手机和 4G 时代。

印度是全球人口第二大国，但直到 2016 年，其互联网还处于萌芽状态，多数人还在使用 2G 网络，移动互联网用户仅 1.53 亿。

印度互联网和移动协会（IAMAI）表示，到 2018 年 6 月，印度移动互联网的用户数量达到 4.78 亿，两年内增长了 312.4%。而印度最新人口数据显示，2018 年印度人口总数约为 13.53 亿，移动互联网智能手机普及潜力巨大。

移动互联网公司 APUS 在《印度互联网金融报告》中提到,印度没有经历 PC (个人电脑)时代,而是直接进入移动端的互联网时代,这种跨越式的发展为印度移动互联网的应用提供了更多的机会。

当然,移动支付的发展反过来又将促进移动互联网智能手机的普及。中国的华为、小米、OPPO 等要抓住机会,因为印度是一个至少还有 5 亿部智能手机需求的市场。

三是印度政府的开放政策吸引全球资本蜂拥而至。近些年来,全球资本大规模涌入印度,多家印度初创公司得到大量海外资金的支持。据初创企业投资分析平台 Tracxn 统计,2017 年印度初创公司共获得 898 笔投资,累计融资额为 102 亿美元。2018 年,印度初创公司的融资总额已远超 2017 年。软银集团的董事长孙正义非常看好印度的初创市场,他在 2019 年发起了一只规模巨大的亚洲投资基金,其中一半预计将投向印度市场。

印度的秘诀在于拥抱新经济、新科技、新金融,对此,印度政府采取了一系列改革开放的实质性变革。巴菲特的眼光都瞄向了印度,足以看出印度的潜力。

国际化的移动支付需要 AI 赋能

移动支付国际化做得最好的是中国两大移动支付巨头——支付宝和微信。特别是在西班牙、意大利、英国等欧洲国家,支付宝钱包基本覆盖了这些国家。笔者在意大利佛罗伦萨机场办理退税时,白皮肤、蓝眼睛、高鼻梁的美女服务员竟然主动提醒我使用支付宝,这样时间短、退款快,令我感到既欣慰又惊奇。可以这样说,中国的支付宝和微信移动支付已经走向全球。

全球普及移动支付市场潜力很大。中国的支付宝和微信支付具有先天优势。除了欧洲以外,在亚洲或大洋洲的印度、马来西亚、澳大利亚、新西兰、新加坡等地区,支付宝和微信支付基本都是"长驱直入"。

非洲和南美洲都是有待开发的市场,移动支付的国际市场空间非常大。有报道说南美洲已经破局起步。2018 年 10 月,腾讯曾宣布向巴西 Nubank 投资 9000 万美元,这家公司也成为南美洲首家独角兽,而蚂蚁金服也在同一月份宣布向巴西金融科技企业 StoneCo 的 IPO 交易投资 1 亿美元。

蚂蚁金服的国际投资主管肯尼·曼(Kenny Man)就曾表示,南美洲将是未来 5 年蚂蚁金服展开全球合作的重点市场之一。

进入 2019 年后,腾讯又有了新动作。4 月下旬,阿根廷移动支付创业企业 Uala 宣布获得腾讯入股。据彭博社报道,高盛、亿万富翁索罗斯和史蒂夫·科恩(Steve Cohen)此前都对该公司进行了投资。

Uala 主要为阿根廷的用户提供预付万事达卡、账单支付、地铁卡充值和数字支付等服务。从 2017 年 10 月到 2018 年 12 月,Uala 已经发行了 50 多万张预付卡。可以看出 Uala 主要还是在传统支付领域深耕,在前沿和最具潜力的移动支付领域亟待拓展和赋能。

南美洲最大的问题是尚未从债务陷阱中走出来,特别是巴西和阿根廷国内经济停滞,通货膨胀,货币非常不稳定,这给支付领域带来很大的困境。但从另外一方面也反映出南美洲发展潜力巨大,移动智能支付前景广阔。

中国两大移动支付工具要想在国际市场深耕,必须由 AI 赋能,这是必由之路。一方面线下支付走向比扫二维码更加方便的刷脸支付,需要人工智能技术深度介入,技术核心在于人脸识别技术的精确性。另一方面,指纹支付的唯一性决定了指纹支付也可以像刷脸一样,撇开手机扫码。这背后都需要 AI 技术的支撑。

同时,移动支付、线下刷脸支付及指纹支付的安全性需要 AI 的赋能和守护。通过人工智能技术把控住支付过程的安全端口,确保发生风险后能及时追回赔付,这一点非常重要。AI 看似给网络支付赋能,但本质是给移动支付工具增信,以赢得更多客户。

当然,如果把移动智能支付作为一个金融生态入口的话,那么人工智能就更有用武之地了!

AI 金融发展离不开资本渗透

AI 金融正处在发展的初期阶段,需要强有力的资本支持。作为最具创新力的 AI 金融,背后依靠的力量是什么呢?

从企业类别来说,民营企业最有动力开发 AI 金融业务。这是所有创新类金融的共同特点。最有创新性的是民企、民间资本,因为民企民间资本在完全竞争的市场里打拼,危机感最强,因此会把创新当作核心竞争力,以创新来求生存、求发展。2019 年第一季度,更多的金融科技巨额融资保持私有。值得一提的是,2019 年第一季度的投资融资亮点出现在支付领域。支付巨头之间的并购交易创下纪录,例如:美国支付处理商 Fiserv 在 1 月份以 410 亿美元收购了负债累累的竞争对手 First Data,前者为银行和非银行发行机构提供基于银行卡的解决方案。富达国民信息服务公司(FIS)在 3 月份以 430 亿美元收购了英国电子支付服务商 Worldpay。

从地区分布看,在 2019 年第一季度,欧洲、美国是人工智能金融融资的主力军。2019 年第一季度,欧洲的融资规模增加至 17 亿美元,成功超过亚洲(8.75 亿美元);美国以 170 笔共 33 亿美元的规模继续领跑;整个亚洲的融资笔数仅为 127 笔。

此外,2019 年第一季度,印度的金融科技风投融资额达到了 2.86 亿美元,略高于中国,居于亚洲第一。中国的融资规模则降至 1.92 亿美元,较去年同期下降了 89%。

笔者此前多次预言,如果金融监管对金融创新的认识不够,那么这个国家的新金融发展就会停滞。事实已经得到了充分验证,原本最具活力、最有潜力、最有基础的中国金融科技可能退居亚洲后列。

美国坐上智能金融头把交椅没有悬念,这与笔者此前的预测毫发不差。欧洲后来居上,紧随美国 AI 金融发展步伐也基本是定数。在亚洲,印度坐上人工智能金融头把交椅是大概率事件。这些国家或地区一旦占领 AI 金融制高点,将在未来新金融领域立于不败之地。

　　中国应该在 AI 金融"战争"中保持危机感。中国发展 AI 金融最有优势,中国在线上特别是移动端的基础超过了美国,中国移动支付规模全球第一,中国金融大数据、金融计算能力、金融智能算法,都不输给世界任何国家。不过,由于中国监管尺度趋严,整体融资规模出现大幅下降。2019 年第一季度,亚洲的金融科技公司融资额下降至 8.75 亿美元,是近 5 个季度以来首次跌破 10 亿美元,较 2018 年第四季度下降了 67%,融资笔数由 49 笔降至 29 笔。

　　2019 年第一季度,全球金融科技公司共发生 445 笔融资,共 63 亿美元,其中有 13 轮是过亿元的融资,这些轮次的融资额总计为 23.6 亿美元。值得注意的是,虽然第一季度的交易量较上一个季度增长了 4%,然而总融资金额却下降了 13%,其中中国的融资额下降是主要因素。

第二章

从移动支付到智能支付

第一节
没有现金的社会

越来越多的中国人现在出门不带现金了。作为世界第一人口大国,中国在推进无现金社会上的成就令世界瞩目。从中国兴起的二维码支付不仅在国内成为主流,更传播到了世界其他国家。

无现金社会在全球快速推进已经势不可挡,特别是在移动支付不断赋能人工智能技术的时代。比如,亚马逊在美国推出无人商店模式,在支付上充分利用了人脸识别支付技术、指纹识别支付技术,对进店消费者通过 AI 技术全方位分析其需求,识别其消费习惯、消费倾向,从而提供最准确的服务。

大量智能设备正在替代人工柜台,客户无须再排长队,各项服务越来越贴心,智能金融"黑科技"越来越多⋯⋯眼下,在互联网和人工智能大潮的冲击下,银行等金融机构也走上了自我革新的道路。

无现金时代正在突飞猛进

如果说北欧一些国家更容易实现无现金社会的话,那么,世界第一人口大国的中国实现无现金社会的难度要比任何国家都大。然而,中国无现金社会的推进速度让全世界都羡慕。仅仅就推进无现金社会所取得的成就来说,中国在全球各国面前都应该感到自豪与荣耀。新加坡总理李显龙曾说,中国移动支付发展之快让新加坡变成了"乡巴佬"。这并不是李显龙谦虚,因为新加坡在结算支付中使用现金的比例高达 60%。

作为世界第一人口大国,中国无现金社会的推进程度到底如何?一个具有关键意义的数据就能说明问题。2017 年 7 月,央行发布数据显示,2017 年上半年,中国个人活期存款和流通中货币(现金)合计大幅减少 3 万多亿元。而 2016 年上半年,这一数值只减少了 1500 亿元,这意味着 2017 年同一时期减少的现金,是 2016 年的 20.8 倍。①

其中,个人活期存款余额从 24.98 万亿元减少到了 23.81 万亿元,环比减少了 1.17 万亿元。现金余额从 8.66 万亿元减少到了 6.71 万亿元,环比减少了 1.95 万亿元。

---

① 2017 年 7 月,活期存款和现金金额突然大幅度减少,具有一定的节点意义,且此后再未出现更大幅度的变化。

　　这里必须强调的是,所谓的活期存款主要是商业银行的活期存款,而商业银行的活期存款是其最主要的低成本资金来源。低成本资金来源减少对商业银行经营的影响是巨大的。

　　那么,活期存款减少的 1.17 万亿元都去哪里了呢? 2017 年上半年,商业银行个人定期存款和其他存款增加了 1.22 万亿元,其中活期转定期是其增量的来源之一。低成本存款变为高成本存款,直接对银行的经营构成压力。这也许是储户的无奈之举,因为活期存款超低的利率对储户已经没有吸引力了,银行只能利用定期存款较高的利率来吸收存款。

　　2017 年上半年,现金余额减少 1.95 万亿元,充分说明了中国无现金社会的到来。

　　中国两大移动支付工具支付宝与微信支付的普及大大推进了中国无现金社会的进程。随着移动支付的普及,微信支付和支付宝两大支付巨头的大力推广,中国绝大多数零售领域都已经支持微信支付和支付宝支付,无现金社会的趋势越来越明显。大到企业、大型商场、在华外企的零售巨头们,小到菜市场摊贩甚至乞丐,都在使用支付宝与微信支付,几乎所有场所都贴有收付款二维码,这足以说明无现金社会的发展趋势与速度。

　　腾讯研究院、中国人民大学重阳金融研究院、知名调研机构益普索共同发布的《2017 智慧生活指数报告》显示:84% 的受访人表示"不带钱出门,也能很淡定",原因在于"没带就没带,反正有手机"。在中国,连老年人使用移动支付的群体都在迅速扩大,这是一个不可忽视的形成无现金社会的推动力。

马云说要在 5 年内消灭现金。现在看来,马云还是保守了。或许用不了 5 年,中国将会彻底进入无现金社会。

全面进入无现金社会后最大的受益者是政府、央行,支付宝和微信支付将是经济金融经营上的最大受益者。最尴尬的是传统商业银行,将面临内外交困、严重经营危机的困境。仅仅在移动支付领域,传统银行已经完败了。

这是新金融的魅力。新金融最大的特点是具有不断创新的精神与动力,在此基础上新金融是标准的科技公司,而传统银行在创新与科技武装上面临很大的问题。因此,无现金社会的发展对传统银行提出了新挑战。

我们应当紧紧抓住中国新经济新金融在世界上站立潮头的机遇,顺势而为,大力推进中国新科技创新步伐,以此实现经济转型升级和新旧动能转换。

境外也在狂刷微信支付和支付宝

2017 年第一季度笔者在欧洲时,支付宝还仅能够在出口退税上使用;而到了同年十一、中秋双节黄金周,境外旅游竟然开始狂刷支付宝、微信支付,接受支付宝、微信支付的境外机场、免税店和商铺与 2016 年相比增加了许多。中国游客最爱的巴黎老佛爷百货也上线了微信支付,并且以较低的汇率吸引消费者。

实际上,日本的许多机场、药妆店、百货商场在 2016 年年底就上线了支付宝。在日本使用支付宝支付和在中国境内一样方便,大大提升了出境游支付的便捷度。2017 年 6 月,支付宝官方宣布,日本肯德基全面接入支付宝,东京和大阪已经率先在 123 家店面上线。2017 年 10 月,支付宝已经可以在罗森便利店、电器店和百货商场等日本国内 3 万家以上店铺使用。2018 年 9 月,蚂蚁金服董事长兼 CEO 井贤栋在东京宣布,支付宝将和日本合作伙伴一起加速无现金支付环境建设,并在 2020 年之前,实现在日本的全境使用。

中国移动支付立足国内、走向世界。移动支付基于互联网无国界、无疆域、完全开放的优势,只要迈开走向世界的第一步,就会一发不可收,迅速占领全球。

据微信支付和蚂蚁金服公布的数据,2018 年,这两大支付应用已在全球近 40 个国家和地区落地。其中,微信支付跨境业务已登陆 20 个境外国家和地区;支付宝则在境外 38 个国家和地区接入数十万个当地各类商户和景点。

此外,百度旗下的百度钱包也在泰国上线,下一步将瞄准日本、韩国等临近的海外市场。而京东金融在 2017 年 9 月宣布,已与泰国尚泰集团成立合资公司,初期将主攻支付市场。

对于中国移动支付的两点判断已经越来越清晰。其一,以支付宝、微信支付为主的中国移动支付技术与市场已经引领全球,把欧美日等发达国家远远甩在后面,并且正在带动互联网金融、金融科技及整个 ICT 行业走在世界前列。

其二,从移动支付对传统金融支付方式的彻底颠覆性看,此前笔者判断的互联网金融、金融科技对传统金融具有革命性、颠覆性的结论逐步被证实了。IT 行业、工业 4.0 对整个传统行业的彻底颠覆与革命性都是毋庸置疑的。

数据最能说明中国移动支付发展之快，对传统金融的颠覆性革命之迅猛。

随着电子支付手段的重要性不断增加，全球支付卡的使用比重将在 2019 年前下降到 46%。按现在的发展势头，在未来 2 年内，移动支付不仅是在中国，在全世界的使用比重都将超过刷卡支付。实际上，中国部分一线城市早在 2016 年就已完成了这一步。

2019 年 3 月，比达咨询发布了《2018 年度中国第三方移动支付市场发展报告》。报告显示，2018 年中国移动支付用户规模达到 5.7 亿人，同比增长 13.2%。第三方移动支付交易规模达到 159.8 万亿元，同比增长 51.6%。支付宝 2018 年 12 月活跃用户数高达近 5.4 亿人。

在中国一线城市的线下主要消费领域，如餐饮、娱乐、购物等行业中，移动支付比例已经超过现金和银行卡，消费者使用移动支付的习惯已经逐渐养成。随着支付场景的不断丰富，无论是在商场、超市、便利店还是餐馆等线下实体消费领域，消费者使用第三方支付工具已经成为习惯，这一习惯已经逐渐从一二线城市向三四线城市蔓延，无现金消费时代已悄然来临。

随着移动支付在全球的兴起，越来越多的跨国大公司瞄准了这一市场，例如谷歌、脸书、亚马逊、软银等都有涉足，移动支付领域的竞争也愈发激烈。

以中国移动支付为首的互联网金融不仅在颠覆国内传统金融，而且正在大踏步颠覆全球的传统金融，这种趋势势不可挡。

二维码支付从暂停到"重生"

将近 3 年时间,二维码支付走过了从被叫停到被认可的"重生"之路,对这种新支付方式而言,在保证安全的前提下提供便捷,才是其存在和发展的根基。

2016 年第三季度,中国支付清算协会向支付机构下发《条码支付业务规范(征求意见稿)》,意见稿中明确指出支付机构开展条码业务需要遵循的安全标准。这是自 2014 年 3 月央行叫停二维码支付之后,官方首次承认二维码的支付地位。当了两年多"黑户"的二维码支付,终于获得了官方颁发的"准生证"。

更早一些时候,央行曾向支付清算协会、银联发函确认二维码的支付地位,要求支付清算协会在前期相关工作的基础上,按照要求,会同银行卡清算机构、主要商业银行和支付机构出台条码支付行业技术标准和业务规范,并在个人信息保护、资金安全、加密措施、敏感信息存储等方面提出明确要求。

2016 年 7 月,中国工商银行在北京正式推出二维码支付产品,成为国内首家拥有二维码支付产品的商业银行,这意味着被叫停两年多的二维码支付重新开闸。

这不能不让我们想起,2014 年 3 月 13 日,央行下发紧急文件叫停二维码支付等面对面支付服务,理由是线下二维码支付存在一定的支付风险隐患。随后,经过技术上的改进,已有银行和第三方支付机构开始布局二维码支付。

叫停理由不充分,业界担心扼杀创新

互联网金融对传统银行的冲击可谓迅雷不及掩耳。阿里小贷把银行吓出一身冷汗,余额宝、财富通令银行心惊肉跳,接着网络银行就横空出世了。就在大家还没有缓过神来的时候,又传出阿里巴巴、腾讯各自与中信银行联手推出网络信用卡的消息。更加令人惊讶的是,大家还没有来得及咀嚼网络信用卡的味道,又传来支付宝和微信进攻线下支付业务的消息,开始与传统银行包括银联等银行卡清算组织进行面对面的竞争。

然而,最让大家吃惊的是,央行下发紧急文件叫停支付宝、腾讯的虚拟信用卡产品,同时叫停的还有条码(二维码)支付等支付服务。

央行叫停的理由是,线下条码(二维码)支付突破了传统受理终端的业务模式,其风险控制水平直接关系到客户的信息安全与资金安全。线下条码(二维码)指令验证方式的安全性尚存疑虑。

金融业主要是经营信用和风险的。信用和风险是一块硬币的正反面,只要能够经营好信用,就为防范风险打下了扎实的基础。信用是金融安全的基础和前提,在金融业的所有信用业务中(包括贷款、投资、信用卡及银行承兑汇票等票据业务)所发生的一切风险都是对信用主体的信用状况考察了解不足、把控不全面导致的。

无论是虚拟信用卡还是网络信用卡，关键还是要对使用者的信用状况进行准确的了解和把控。阿里巴巴、腾讯的互联网金融模式与传统银行在信用把控上有着很大区别。传统银行对申请信用卡客户的资信调查和把控是过时的和静态的，诸如客户的工薪收入、家庭经济状况及过去在发卡银行星星点点的信用足迹等。如果客户申报的静态工薪收入等不实，信用卡授信额度和透支的风险就会暴露出来。

阿里巴巴、腾讯的互联网金融就大不相同了。特别是阿里，他们与传统银行联手推出网络信用卡后，在拓展客户的信用把控上会更加全面、真实、准确，风险敞口非常小。阿里巴巴、腾讯把控客户的动态和最及时的资信状况，传统银行把控客户静态的、过去的资信状况。一静一动相结合，对客户的信用状况基本可以了解得既清楚又全面，进而能够准确地对其进行授信。

比如，阿里巴巴可以通过支付宝平台，甚至延伸到天猫和淘宝平台上，通过大数据挖掘分析，就能够了解清楚客户的动态资信情况，这种信用状况是最真实、及时和具体的。与传统银行调查客户的工薪收入、家庭经济状况等静态情况相比，这种结合是传统银行单打独斗做不到的。

关于扫描二维码的线下收单业务及其他支付方式的用户安全问题，支付宝方面称，条码支付的每笔交易只有一个专属对应条码，完成交易后下次会自动更新，生成的条码若60秒内没有交易就会自动失效。万一用户支付宝账户被盗，经核实后可先行获得全额赔偿。

这两项业务的受益者是客户和商户：它们既给客户提供了方便快捷的支付方式，提高了消费质量和效率，同时也降低了消费过程中对银行卡的依赖，从而减少了银行从中收取各种费用的机会。

对商家来说，支付宝和微信进军线下收单业务，肯定会使实行政府指导价的收单服务费率有所下降，即便是实行政府定价的发卡行服务费和银行卡清算组织网络服务费，只要竞争激烈，政府也会考虑降低费率，这将给商户带来实实在在的利益。

当然，这也给传统银行带来了前所未有的冲击。银行卡的各种收费占到了银行中间业务收入的50%以上，而银行卡收单业务收入又是整个银行卡收入的大头。试想，阿里巴巴和腾讯从线上的网络信用卡和线下的银行收单业务地盘，全方位对银行卡业务发起了总攻，这将很快使传统银行的银行卡业务被蚕食鲸吞，附在每一张银行卡上的向客户收取的几十种收费都将很快丢失。这么一大块"肥肉"被互联网金融这只"狼"抢走，给银行带来的损失和冲击可想而知。

央行突然叫停二维码支付和虚拟信用卡，到底是因为安全问题还是为了保护传统银行的既得利益呢？其实，2013年7月5日央行曾颁布了《银行卡收单业务管理办法》，其中第三条提出收单机构包括"获得网络支付业务许可、为网络特约商户提供银行卡受理并完成资金结算服务的支付机构"，因此支付宝、微信进入线下收单业务并没有制度障碍。

银联做二维码支付项目"不打自招"

2014年7月初,市场传出银联将要做二维码支付项目的消息。随后,银联回应称,银联早已着手研究二维码支付,将在合规后推出。

这不得不令人想起2014年3月,央行叫停二维码支付和虚拟信用卡支付事件。这引起了笔者几点遐想:此事是否确认了叫停阿里巴巴、腾讯虚拟信用卡和线下二维码扫描支付,确实是与动了银联的奶酪有关呢? 当时,虚拟信用卡和线下扫描二维码支付绕过了银联渠道,对银联渠道上银行卡刷卡消费利益带来较大冲击。

央行这边以风险不确定为由叫停阿里巴巴和腾讯的二维码支付,那边立即督促银联赶快开发二维码支付系统,紧急叫停虚拟信用卡和二维码扫描支付是否在给银联留出时间窗口和应对的回旋余地? 笔者只能说,好在央行还知道让银联快马加鞭开发二维码支付系统,以应对阿里巴巴和腾讯的激烈竞争。

那么,放开二维码支付后银联能否在竞争中胜过阿里巴巴、腾讯呢? 笔者认为前景并不乐观。

在技术上,银联投入得再多,也很难超越阿里巴巴和腾讯的技术实力。在创新上,银联技术人员的能力、积极性及企业家精神都与阿里巴巴和腾讯的人才相差很远。

同时,在以客户为中心、贴合客户心理、始终以给客户提供良好体验为目标的服务意识上,银联与阿里巴巴和腾讯的距离也很大。国有金融企业都是以保护自己的机构安全、资金安全为首要目的的,第二位才是客户体验。

比如:银联二维码支付系统要求,持卡人客户必须提前扫描银行卡二维码后才能完成线下支付,这个用户体验绝对不会好。

最重要的一点是,银联没有阿里巴巴和腾讯强大的客户群基础。阿里巴巴仅支付宝上的客户就达到 5 亿多,腾讯的客户也有几个亿。特别是支付结算系统上的客户是以淘宝、天猫及其他多个购物平台为基础的,这是中国银联一个单一的支付结算周转平台无法相比的。

二维码支付政策开闸是明智之举

2016 年 7 月,央行发文确认二维码支付的市场地位,与传统线下银行卡支付业务互为补充。据说支付清算协会也召开了专题会议推动二维码技术标准和安全标准,将从政策面放开二维码支付。

为了有制度保证,2016 年第三季度,中国支付清算协会向支付机构下发了《条码支付业务规范(征求意见稿)》。

据悉,支付清算协会召集支付宝、财付通及部分银行开会,要求重点对条码支付信息业务信息报备、交易限额信息保护等风险管理手段进行前期的资料准备。

2014 年,蚂蚁金服、腾讯与中信银行合作共同推进二维码扫描支付业务时,被监管部门以安全为由叫停。这一叫停就是两年,对于日新月异的高科技互联网金融产品来说代价是很大的。2016年第三季度,监管部门在叫停两年后放开了二维码支付,是亡羊补牢之举。从技术上看,二维码支付已经非常成熟与普及了。在央行叫停的这两年,二维码扫描支付实际上并没有停止。由于深受客户欢迎与高度的便利性,即使在叫停期间,其使用依然非常普及。这也得益于监管部门的宽容与开明,同时,说明放开二维码扫描支付已经是水到渠成、顺理成章的事了。

二维码扫描支付放开后,支付宝及微信与商业银行合作推出类似信用卡的二维码线下支付将会加快步伐。

同时,一方面,网络第三方支付将开始向具有信用透支功能的网络信用卡发展,传统银行信用卡将遭受巨大冲击,商业银行银行卡转型升级的愿望将更加迫切。另一方面,网络第三方支付将开始大升级、大发展,网络第三方支付机构之间抢夺地盘的竞争也将更加激烈。这种竞争是良性的,竞争越激烈,客户获益越多。

二维码支付是真正的普惠金融

发展普惠金融是中国金融业务的重点之一,而互联网金融就是为小微企业、商户及普通百姓量身定制的。这其中二维码支付是最典型的金融产品之一。

乞丐在中国使用二维码乞讨的新闻曾经震惊全球。据英国《泰晤士报》网站2017年4月下旬的报道,中国山东省济南市的一名乞讨者胸前挂着二维码的照片出现在社交网络上,让人啧啧称奇,而他只是济南市多名接受非现金支付的乞讨者之一。

更早报道乞丐用二维码乞讨的是深圳市。据说在深圳市过街天桥上的乞讨者身旁放着支付宝与微信支付两张二维码,让施善举者扫描行善。这个主意是一家媒体的记者提供给他的。

乞丐使用二维码乞讨不是笑话,背后折射出的是中国经济金融的一个深层次转变,一个观念上的升华;折射出的是在工业 4.0 时代金融科技等正在突飞猛进发展,把发达国家甩到了后面;更折射出金融科技、互联网金融是真正的普惠金融。试想,连乞丐都享受到了二维码支付的实惠与便利,传统金融有哪个产品能够普惠到乞丐这个阶层呢?

传统金融特别是中国传统大型国有银行主要服务的对象是谁?主要服务的是在所有信贷需求客户中最有财富实力的前 20％的客户,这 20％的客户给银行贡献了 80％的利润。传统金融不会主动去服务剩下的 80％的客户,这就是所谓的"二八定律"。

对于大客户或者说大存款客户,银行不仅高接远迎,还给其存贷款优惠利率以及贵宾 VIP 服务。而对于 80％的小额账户,银行还要收取服务费用。

在传统大型银行长期垄断市场的情况下,中国普惠金融缺失,最终使中国经济金融出现了结构性的问题。在这种金融体制下,依靠体制内推动的金融改革很难取得成功,长期存在的中小微企业融资难、融资贵状况就是一个证明。

怎么办？必须依靠技术创新、进步来推动体制变革。值得庆幸的是，随着中国互联网特别是移动互联网的大发展，应运而生的互联网金融、金融科技，其普惠性、平等性使中国金融业焕然一新，迅速引领世界新金融发展的潮头。

移动互联网的普惠性，决定了未来的金融必须是普惠的，让每个人有平等的机会，而技术正在让普惠成为可能。技术创新与进步使乞丐与企业家们得到的金融服务是一样的，就像他们都能扫描二维码支付一样。

比二维码支付更具便利性、普惠性的金融变革正在全球发生，那就是去中心化的区块链技术正在被研发，甚至正在被投入到实业应用之中。

全球科技发展的趋势是去中心化。就金融本身来说，区块链技术的发展与应用不仅仅是颠覆传统金融的问题，甚至连微信、支付宝钱包等这种中心化的产物也将被颠覆，终将变成传统金融。

一旦区块链技术应用到普惠性的日常支付之中，去中心化的特点就决定了金融活动与交易将更加简单和高效。那时，人人都是金融人，人人都既是资金融出者又是资金借入者。这些金融活动都是在去中心化下点对点、一对一的直接完成，没有银行作为中介，也没有支付宝作为中介。社会没有闲置资金资源被浪费，也没有多环节交易，资金配置真正达到了高效化，真正实现了直接融资。

在仍是发展中国家的中国，乞丐都使用上了二维码，说明以互联网、移动互联网、大数据、云计算、智能化、物联网等为特征的工业 4.0 的一个特点是具备跨越性,只要紧紧抓住互联网特别是移动互联网这个核心做足文章,就会跨越几个阶段,实现全球超越。

银联上线"云闪付"App

2017 年 12 月 11 日,中国金融界发生了一件大事:中国银联携手商业银行、支付机构等多方共同发布了银行业统一的 App"云闪付"。作为各方联手打造的全新移动端统一入口,银行业统一的 App"云闪付"汇聚了各家机构的移动支付功能与权益优惠,致力于成为消费者省钱省心的移动支付管家。

我们绝对不能小视这款小小的移动支付 App,它的背后有大意义。央行副行长范一飞在发布会致辞中道出了其意义所在:支付是民生之需、金融之基。

对于"云闪付"App 的推出,众说纷纭。有人说这是传统金融系统的一次大创新、大革新,有人说这是央行与中国银联率大众银行扭转在移动支付领域的被动而进行的一次大反击,更有甚者用了这样的标题:《支付宝懵了? 四十家银行联合宣布! 翻身仗开打!》

在笔者看来,媒体想多了。"云闪付"App 推出的目的并不在于打败谁,而是实实在在地让零售支付回归便民本质,一切为了方便客户,方便百姓。我们不妨来了解一下它的设计特征,无一不是为了便民,无一不是围绕百姓所需,无一不是为百姓着想。

开放式平台全连接,以便民服务为目的进行全方位整合。"云闪付"App集银行业线上线下全产业、全生态支付工具于一体,形成全新的银行业开放平台,通过向商业银行及各主要合作方开放支付服务标准接口,为合作伙伴提供商户增值服务、营销活动执行、合作银行办卡、在线销售联合四大合作模式,"云闪付"App成为连接各方、服务各方的平台工具,省去了客户多重下载银行App的麻烦。以笔者为例,过去,笔者的手机上最少需要下载工、农、中、建、招商、浙商等六家银行的App,非常麻烦,有了"云闪付"App就省事多了。

统一入口全打通,在掌心办理所有银行支付业务。"云闪付"App提供Ⅱ、Ⅲ类账户开户、手机NFC支付、二维码扫码、收款转账、远程支付等各类支付功能,成为银行业移动支付的统一入口。截至2019年4月,"云闪付"App已支持在线申请包括工行、农行、中行等21家银行的80余种信用卡;支持国内所有银行卡的绑定,230多家银行的持卡人可通过"云闪付"App使用银联二维码支付。

多元场景全覆盖,满足百姓支付需求。"云闪付"App实现了老百姓衣食住行、线上线下主要支付场景的全面覆盖,可在铁路、民航、公交、全国10万家便利店商超、1500余家医院、30多所高校、100多个菜市场、300多个城市水电煤等公共服务行业使用。全国21家主要商业银行、130余家城商行、180余家村镇银行,共计330余家银行的持卡人均可在"云闪付"App查询借记卡余额。"云闪付"App还能提供卡对卡免费转账、逾120家银行信用卡账单查询、0手续费还款等刚需服务。

出境旅游度假探亲时使用也没有问题。"云闪付"App 已经在新加坡和中国澳门、香港等境外商家实现受理，后续将向东南亚、中东等地区拓展；银联手机闪付已可在境外超过 60 万台 POS 终端使用，覆盖东南亚、澳洲、俄罗斯等 10 个国家和地区。

2019 年 4 月 2 日，"云闪付"App 注册用户突破了 1.5 亿。

笔者一直坚持的一个观点是，互联网把世界变成地球村，移动互联网把世界变到手掌心。那么，"云闪付"App 就是要实现百姓在手掌心、指尖上就可以办理所有商业银行的零售支付业务。

还是那句话，"云闪付"App 要让零售支付回归便民本质。从便民利民的角度，很多特色权益功能和服务整合在一起，把原本散落在各个入口的、比较弱化的支付功能整合，结合铁路、民航、公交地铁、菜场、校园的高黏性场景的使用，让一般老百姓有一个适合自己的、简单不复杂、可以满足日常支付所需的 App。

"云闪付"App 除了具备二维码扫描功能外，在安全性、便利性上更强。互联网新经济市场的一个特点是规模经济，虽然"云闪付"App 想要后来居上难度不小，但是紧紧抓住回归便民本质，或许将会有一个飞跃式增长。

近年来，银联在移动支付领域成效显著。2017 年 5 月，银联联合 40 余家商业银行正式推出银联二维码产品；至 2017 年 11 月，银联二维码月均交易笔数增幅达到 45％，活动商户数月均增幅达到 87％，日均交易量超 150 万笔。已有超过 150 个主流 App 上线开通银联二维码，手机京东、京东金融、美团、美团外卖、大众点评、快钱、飞凡等拥有亿级用户量的 App 也开通了银联二维码,近 200 家主流收单机构及分支机构完成收单侧业务改造及开通,卜蜂莲花、全家便利店、7-Eleven、屈臣氏、万宁、喜士多、罗森等品牌商户已开通受理银联二维码。在大力推动银联手机闪付业务的同时,中国银联致力为消费者支付提供更多选择,不断拓展二维码产品的场景与商户数,给"扫码一族"带来了更加便利的消费体验。

在瞬息万变的互联网时代,始终不缺机会。就以广州地铁来说,银联闪付直接过闸进站已快速达到日交易近 30 万笔,领跑各类移动支付,银联已经代表了公交地铁移动支付领域的最新发展趋势。

有了"云闪付"这一全新的广阔平台,银联和银行、手机厂商等产业各方并肩作战,将在各类生活场景为用户提供越来越方便快捷的移动支付手段。"云闪付"不仅有机会,而且大有机会。

AI 赋能后的无现金社会

2019 年 3 月中旬,从美国一些州传来政府下令不能拒绝现金支付的消息,到底是怎么回事呢?原来在亚马逊、苹果移动支付、谷歌移动支付的推动下,无现金支付已经风靡美国,进而出现了一些商家拒收现金的情况,给仍然习惯使用现金的消费者带来了不便。因此,才有了上述州政府的命令。中国在 2017 年也出现过类似现象。

无现金社会在全球快速推进已经势不可挡,特别是当移动支付不断赋能人工智能技术就更加厉害了。比如,亚马逊在美国推出无人商店模式,在支付上充分利用了人脸识别支付技术、指纹识别支付技术,对进店消费者通过AI技术全方位分析其需求,识别其消费习惯、消费倾向,从而提供最准确的服务。从顾客走进无人商店开始,一切都在AI的分析和服务之中,AI赋能是无现金社会最大的技术支撑。

移动支付发展迅速,在无现金社会推进最早最快的中国,这个势头有多猛,有几组数据可以证明。

中国非银行支付机构的网络支付业务量持续呈现出大幅增长。2018年第四季度,非银行支付机构处理网络支付的业务量为1578.62亿笔,总金额为56.63万亿元,同比分别增长60.21％和22.26％。2018年全年,非银行支付机构发生网络支付业务5306.10亿笔,金额为208.07万亿元,同比分别增长85.05％和45.23％。这个增长速度全球罕见。

过去是80后、90后习惯使用支付宝、微信支付,而年纪大一些的人仍然习惯跑银行柜台。而现在,长辈给年轻人发红包都是用微信,现金退出市场速度之快可想而知。

银行业移动支付后来居上,快速增长。2018年第四季度,银行业移动支付业务的笔数和金额同比分别增长78.79％和45.47％;2018年全年则同比分别增长了61.19％和36.69％。

另一个更能佐证无现金社会大踏步前进的数据是银行业务离柜率,即银行业务中离开柜台办理的总量与银行全部业务总量的比例。《2018年中国银行业服务报告》显示：2018年银行业金融机构离柜交易达2781.77亿笔，同比增长6.9％；离柜率达88.67％，同比提高4.36％；离柜交易金额达1936.52万亿元。这是无现金社会快速发展的一个最具说服力的数据。

大量智能设备正在替代人工柜台、客户无须再排长队、各项服务越来越贴心、智能金融"黑科技"越来越多……眼下，在互联网和人工智能大潮的冲击下，银行也走上了自我革新的道路。

对于普通顾客而言，以往排队几十分钟甚至数小时才能办理一项业务，如今智能柜台机的逐渐普及，大大缩短了业务办理所需要的等待时间，只需要几分钟就可以办卡成功或者转账成功。

这一切正是银行离柜业务率不断提升的结果，而离柜业务率不断提升的背后则是银行的自我革新，以及随之引发的银行业务变化、柜员职能转型等一系列变革。

第二节
移动支付遍布全球

从萌芽到成长,移动支付已是中国居民最主要的支付方式。伴随着中国出境游的激增,中国的移动支付也深深地影响着境外的支付市场。尽管面对着各种各样的困难,但移动支付依然在许多国家和地区得以覆盖和普及。

而中国的巨头们高举着技术与资本踏浪而去,开荒、合作、并购、竞争在这些地区四处闪耀,中国境外支付的大厦迅速拔地而起。

移动支付在香港地区为何难普及

支付宝与微信支付在中国内地普及以后,引发了欧美等国移动支付热潮。美国的谷歌、苹果公司、亚马逊、Facebook 及韩国三星电子都在进军移动支付。

对移动支付的认识确实需要一个过程,尤其是对一些上了年纪的"老金融",这些老旧的金融思想观念往往会成为接受认识新金融的羁绊。

在全球移动支付风起云涌之时,移动支付在香港的实际使用率依然偏低。整个 2017 年,香港市民最常用的支付渠道为现金(99%),其次为八达通(97%),而手机支付只占 20%。香港《文汇报》调查显示,不知如何操作、担心隐私外泄、满意现时支付模式成为香港市民不选择使用手机支付的主要原因。

这背后折射出的是大问题,即香港在新经济、新金融、新科技时代可能已经落伍了,香港国际金融中心的地位或许已经岌岌可危。

香港人对信息泄露、现金支付习惯、操作问题的担心都是多余的,归根结底还是落伍的观念在作祟。香港如果把握不住第四次技术革命的机遇,将很快被甩出局。

李显龙为何感叹新加坡成了"乡巴佬"?

20 世纪 90 年代,新加坡是中国人心目中最耀眼的全球金融中心,是"亚洲四小龙"之一,也是亚洲国家中经济发展最快、开放程度最高、管理最好、环境最美的国家。世纪伟人、中国改革开放的总设计师邓小平同志,曾经谈到让中国学习新加坡的环境治理经验;国务院前总理朱镕基也曾表示羡慕新加坡拥有 200 多名特许金融分析师(CFA),而当时中国却几乎没有。

随后,吸引新加坡资本投资中国,中国人到新加坡留学、学习甚至移民成为热潮。现今,新加坡总理李显龙为什么说新加坡成了"乡巴佬"呢?

几年前,时任新加坡人力部长林瑞生在上海的路边摊买栗子,他发现每个人都只需要挥挥手机,不需付现金就可以拿走栗子。当时,林瑞生以为这只是一种特别的优惠方式,还是用现金付了款。他的这种行为被新加坡总理李显龙称为"乡巴佬"。2017 年 8 月 20 日晚,李显龙在新加坡国庆群众大会演讲中称赞中国在电子支付领域的发展,称在中国的大城市使用现金已经过时,就连银行卡都用得越来越少,所有人都在用微信或支付宝支付。当中国游客在新加坡必须使用现金时,他们问:"新加坡怎么这么落后?"

笔者一再强调,中国在互联网商业与金融应用上已经走在了世界前列,让美国等发达国家羡慕。中国一定要珍惜这个难得的发展机会和领头机会。只要持续保持电子商务、互联网金融的领先地位,那么中国很快就会拥有制定规则的话语权与主导权。

不过,有两点必须引起重视:一是美国、欧洲、日本包括新加坡都在移动互联网商用与金融应用上奋起直追,凭借这些国家和地区的技术基础,追赶起来非常之快,对此,中国要有危机感;二是从中国国内看,以安全为名打压新经济的危机一直存在,必须格外警觉。

李显龙称,在新加坡,每 10 笔交易中仍然有 6 笔是通过现金或支票完成的。这凸显了新加坡结算支付之落后,不追赶确实不行了。

李显龙在 2017 年的国庆群众大会上还表示,新加坡计划在接下来的 18 个月,在全国部署 2.5 万台统一标准的销售终端。2017 年 11 月推出的 PayNow 服务,就可以用来在街边摊消费。

PayNow 是由新加坡银行公会主导的移动支付工具,参与的银行包括星展银行、华侨银行、大华银行、渣打银行、汇丰银行、花旗银行和马来西亚银行有限公司。通过这项横跨 7 家银行的服务,公众只需将个人手机号或身份证号与银行户头绑定,就能轻松转账或收款。然而需要指出的是,基于信用卡模式的 PayNow 或已落后,苹果的 Apple Pay 在中国被边缘化就是例子。

新加坡推动移动支付的捷径与最佳选择是,学习支付宝、微信的二维码扫描支付并进行全力推广。二维码支付不仅方便、低廉、安全,也无须信用卡附加费用,是中国移动支付快速推广发展的"秘诀"。

根据普华永道会计师事务所 2019 年全球消费者洞察力调查(Global Consumer Insight Survey),截至 2019 年 4 月,新加坡的移动支付普及率从 2018 年的 34％升至 46％,而 2018 年的增长在一定程度上得益于新加坡政府推动该国移动支付平台建设的项目。

日本"J 币"难敌中国移动支付"攻城略地"

如今中国国庆黄金周已经成为全球的黄金周,越来越多的中国居民选择出境游,伴随着出境游的中国移动支付也火了。不少境外的商家也开始使用中国先进的移动支付方式。

曾几何时,欧、美、日这些发达经济体都是让中国人仰视的,中国的技术、商业模式,特别是高端服务业的金融模式鲜有能进入欧、美、日市场的。而如今，欧、美、日的街道、商场、景点、酒店等各处华人人头攒动，在商店、餐馆、免税店、退税窗口等都可以使用支付宝和微信支付。

特别是日本，2017 年 6 月初支付宝官方宣布，日本肯德基已经全面接入支付宝，东京和大阪率先上线 123 家店面；此外，阿里巴巴于 2018 年春季在日本推出手机支付服务，并声称要在 3 年内赢得 1000 万用户。值得注意的是，改变了中国支付方式的支付宝，极有可能通过一系列动作来改写日本的手机支付市场。支付宝已经在罗森便利店、电器店和百货商场等日本国内 3 万家以上的店铺使用，阿里巴巴未来在日本推出的新的手机支付服务将以这些可以利用支付宝的店铺为中心，利用访日游客的增加，建设支付宝加盟网络。除了结算以外，还将逐步增加与生活相关的功能，实现电影票的预订和购买等。中国另一大移动支付工具微信支付也正大踏步挺进日本。

对此，最敏感的是日本的金融界，利益最为攸关的是霸占日本金融支付领域的日本银行。为了对抗中国移动支付对日本市场的"侵略"，2017 年 9 月底，包括日本瑞穗金融集团、邮储银行及横滨银行、静冈银行、福冈银行等地方银行在内的约 70 家日本银行计划联合推出虚拟货币，暂命名为"J 币"（J-Coin）。为了创造"J 币"，日本大银行一直就阿里巴巴在东京等日本多个城市推出支付宝服务对其构成的威胁游说日本政府和监管机构。它们辩称，支付宝服务将致使有关日本消费者的数据被发送到中国。同时，日本金融业也希望借由"J 币"鼓励消费者多利用虚拟货币付款，降低日本居高不下的现金使用率。

经济高度发达的日本，竟然与新加坡一样，现金使用率非常高。日本国内消费中多达70%的金额仍是现金交易，这一比例高于其他任何一个发达国家，发达国家的现金使用率已降至平均30%。德勤会计师事务所2017年4月发布的报告显示，2016年的金融科技交易规模达到174亿美元，但日本仅仅贡献了不到1%的8700万美元，而80%的交易来自中国和美国。

2019年2月14日，毕马威发布的最新报告《金融科技脉搏——2018年下半年》显示，2018年全球金融科技融资上升至1118亿美元，较2017年的508亿美元激增了近120%。在亚洲地区，2018年亚洲金融科技投资量从2017年的125亿美元增加至227亿美元的新高，中国以83宗交易和182亿美元总额独占鳌头，其中蚂蚁金服在2018年第二季度完成的140亿美元交易成为最大亮点，而日本所占比例很低。

现金使用率高，一方面给中国移动支付进入日本市场提供了机会，说明这个市场很有潜力，另一方面也成为日本银行游说监管部门推出虚拟货币"J币"的充足理由。

据了解，"J币"已经获得日本央行（Bank of Japan）和金融监管机构的支持，它的主要功能是：为个人、企业提供移动支付和转账服务。"J币"与银行账户绑定，能事先将存在银行里的日元兑换为"J币"，结账时通过智能手机应用在店内扫描二维码使用。此外，个人之间的转账不会产生手续费，海外转账更加便宜。与此同时，"J币"不会像比特币那样有明显的价格波动，它与日元是等价的。

作为回报,"J币"管理公司将收集用户的购物和转账记录,这些信息会加工成匿名数据,与其他企业和银行共享,并应用到市场营销和定价策略当中。

从本质上讲,日本"J币"的设计模式与支付宝、微信一模一样,区别仅仅是创造出了一个日元转入移动手机时的所谓虚拟货币——"J币"。支付宝与微信,只是没有设计这一步而已。也就是说,日本70家银行推出的所谓"J币",也就是日本版的支付宝与微信支付。

笔者认为,日本的"J币"很难对抗中国移动支付的"攻城略地"。首先,日本版移动支付目前仅在酝酿阶段。而已经非常成熟的中国移动支付一旦进入日本市场,普及发展速度能有多快是可以想象的,因为移动支付在中国普及开来也就两三年时间。当日本"J币"投入使用时,或许会发现中国移动支付已经占领了日本市场。

其次,互联网特别是移动互联网商业模式有一个规模优势与先入为主的特点。一旦中国移动支付占领市场,消费者、生产者等各行各业养成使用习惯后,试图改变就会非常困难。中国银行业目前在移动支付上投入了巨大资金,但仍难以撼动支付宝与微信支付两大巨头的地位。在中国移动支付市场,支付宝与微信支付两家稳稳占据将近93%的移动支付市场份额,而且还在上升中。

因此,日本70家银行对抗中国移动支付的"入侵"难度很大。

群雄逐鹿印度移动支付市场

中国最自豪的是移动支付技术的广泛应用。在电子商务与移动支付领域,中国遥遥领先于全球其他国家。随着中国市场逐渐成熟,腾讯和阿里巴巴开始逐鹿海外市场,帮助新兴市场的本土初创企业运营移动支付系统。在这些待"开垦"的新兴市场中,最不可忽视的就是印度。

已经有印度公司敏锐地抓住了机会,这家公司就是印度最大的移动支付和商务平台 Paytm。

2017 年,当印度政府突然废除 86% 的流通货币以打击腐败和逃税行为时,Paytm 借机快速发展。Paytm 向那些没有刷卡机的商家大肆推广其移动支付服务,用户数量暴增。现在,印度路边的小摊贩及嘟嘟车都在使用 Paytm 进行支付,卖家无须任何设备,只需要一个二维码,就可以轻松实现转账。

Paytm 为何能有如此的眼光和市场洞察力呢?原来 Paytm 已经从中国引入了移动支付基因。阿里巴巴正是 Paytm 的主要投资方之一。早在 2014 年,阿里巴巴就对印度最大的电商及移动支付平台 Paytm 投资了 5 亿美元。2015 年,阿里巴巴和蚂蚁金服联合向创办 Paytm 的 One97 公司投资了 5.75 亿美元,之后再次追加了投资,持有的股份也增至近 40%,Paytm 的估值上升到 40 亿美元。2017 年,阿里巴巴收购了 Paytm 的母公司 One97 公司 4.3% 的股份,成为 Paytm 母公司的最大股东。

　　面对印度潜力广阔的市场，不仅中国科技巨头已经"下场"，国际科技巨头和投资资本也早已虎视眈眈，忍耐不住巨大市场财富蛋糕的诱惑，纷纷进入印度市场，试图复制在中国的成功。

　　除前面提到的印度最大移动支付和商务平台 Paytm 外，截至 2018 年 7 月，阿里巴巴在印度还投资了 Dailyhunt、印度食品科技独角兽企业 Zomato、印度最大的在线交易平台之一的 Paytm 商城 Snapdeal、印度在线票务平台 TicketNew 及生鲜食品电商 Bigbasket 和物流公司 XpressBees。

　　而软银在印度的几起大额投资，例如电商平台 Flipkart 和 Snapdeal、移动支付平台 Paytm、共享出行平台 Ola、连锁酒店品牌 OYO Rooms，可以看出软银正在试图通过投资，找到印度的"阿里巴巴"和"滴滴"。

　　2017—2018 年，亚马逊、Alphabet、微软、Facebook、伯克希尔·哈撒韦等国际玩家也入场，印度电子支付市场竞争正酣。

　　2018 年，伯克希尔·哈撒韦公司通过在 8 月向 One97 公司投资 3 亿美元，顺利进入印度投资市场。伯克希尔·哈撒韦公司也收购了 One97 公司的 170 万股份，获得这家印度支付巨头 2.9% 的股权。同时，伯克希尔·哈撒韦公司也跟蚂蚁金服、软银、阿里巴巴和 SAIF Partners 一样，成为 Paytm 的主要股东。

　　与此同时，为了发展其印度数字支付业务，亚马逊于 2018 年也通过其支付分支 Amazon Pay India 收购了总部位于班加罗尔的 App 聚合平台 Tapzo。

　　2018 年 2 月，Facebook 旗下的 WhatsApp 还推出了测试版的统一支付接口（UPI）数字平台；微软也在 Microsoft Kaizala（一款团队通信和工作管理 App）悄然上线了数字支付服务。

2019 年 3 月 20 日，小米也正式向印度推出了 Mi Pay 支付服务，并已经获得印度国家支付委员会（NPCI）的批准。

小米支付进入印度市场的最大优势是小米手机，小米手机凭借其低廉的价格坐拥印度手机市场占有率第一位。而移动支付的载体就是智能手机，这就决定了小米支付在印度推广有着天然的优势。

当然，蚂蚁金服投资的 Paytm 有支付宝成熟技术的支持，在国际上推广很快，认可度较高，而 Paytm 又是印度本土移动支付工具，目前在印度市场的占有率第一。

进入印度市场的美国几大公司的优势在于技术实力爆发性很强。群雄逐鹿印度市场，各自有其自身优势，最后鹿死谁手很难说。俗话说，狭路相逢勇者胜。今天的金融市场拼的是实力，科技实力。

我们且不谈印度市场整个经济金融蛋糕有多大，仅仅从印度支付市场来看，有分析机构认为从 2019 年开始算起的 5 年内，印度支付市场规模有望突破 1 万亿美元。有别于中国当前成熟的支付格局，印度市场对一众玩家来说还大有机会。谁能在价值 1 万亿美元的印度移动支付市场分得最大一块蛋糕，又需要凭借什么优势呢？归根结底，还是技术实力、研发能力，特别是 AI 对移动支付渗透的深度和广度。AI 技术或许将决定着印度移动支付市场的成败。

　　AI 渗透移动支付工具除了通过人工智能让客户体会到更加智能化的支付体验以外,更重要的是风险控制。AI 是个人移动支付安全的守护神。个人在某一个支付工具上留下的信息痕迹,例如支付习惯、支付场景、网络环境等,都给 AI 发挥安全作用提供了坚实基础。一旦个人支付习惯和场景变化、账户发生异常支付,AI 就会同步通过大数据分析在千万之一秒内得知,从而发出风险提示,甚至果断终止支付行为,包括移动设备丢失等 AI 都会发出支付风险预警。

　　这才是未来移动支付的核心竞争力,这个核心竞争力的定海神针是人工智能金融。小米支付要想在印度立足并在激烈竞争中立于不败之地,必须在 AI 金融等科技研发上下足功夫,加大投入,因为蚂蚁金服、亚马逊、谷歌等在这方面都很强势。

第三节
不可逆转的大趋势

　　无现金社会是未来的发展趋势,这种趋势是无法阻挡的。

　　中国可以说已经进入了无现金时代。无现金社会之所以发展得如此之快,主要是因为移动互联网的发展使移动互联网支付工具迅速普及推广。移动互联网给各行各业包括金融业带来的革命性变革已经被无数现实证实。

　　值得欣喜的是,中国在这次新经济新金融时期紧紧抓住了机会。在互联网电商及社交媒体工具充分发展的基础上应运而生的移动互联网支付工具不仅引发了金融领域的变革,整个经济社会都在随之变化。

要顺应无现金社会发展的大趋势

　　无现金社会正加速到来。无现金社会起步最早、发展最快的是北欧的瑞典及丹麦等国家。2017年下半年引起全球关注的是印度政府竭力推进的无现金社会,包括废除大额钞票,在全国推行移动支付等。最令人惊叹的是,在习惯在家中保存现金钞票的印度,在一项关于是否同意使用移动支付工具的调查中,认可率高达 90% 以上,这为印度政府推行无现金社会奠定了民意基础。

无现金社会之所以发展如此之快,主要是因为移动互联网的发展使移动互联网支付工具迅速普及推广。

俗话说"牵一发而动全身",移动支付已经充当了"牵一发"的功能作用。以支付宝、微信支付为主的移动支付生态圈不断扩大范围,将会引起中国乃至世界经济生态的大优化、大转变,这种转变是不可阻挡的大趋势。也就是说,支付宝、微信支付相当于中药汤头里的药引子一样,引导整个药剂发挥效果。其中,最受关注的是移动互联网支付正在推动无现金社会的快速发展。

无现金社会将会给整个国家的社会经济、政治、文化等带来一系列巨大的变化。首先是对经济活动的极大促进。移动支付代替现金后将大大提高商品交易的效率,大大方便所有经济活动主体(包括个人、企业)的支付结算业务,提高全社会经济等各种资源的配置效率。同时,移动支付比现金支付安全、清洁和环保,无现金社会是各个国家都孜孜以求的,无现金社会最大的受益者是高效廉洁的政府。

移动支付取代现金交易后,每一笔交易在网络上都会留下痕迹,可追溯、可提取、可分析。这使贩毒、黑钱腐败交易彻底暴露,无空隙可钻、无黑洞可藏。传统的美国通过推广银行卡来推进无现金社会,取得了一定成效,但是并不完全彻底。移动互联网支付替代银行卡后,通过大数据挖掘,比银行卡更加高效、便利与安全。

中国是互联网金融的发起国，也是移动支付的领头羊，这就决定了中国应该最为快速地推进无现金社会的发展。相对于北欧、印度等地区和国家都是政府主导推进无现金社会的情况，而中国推进无现金社会的竟然是民企。

2017 年 2 月，支付宝宣称，希望用 5 年时间，推动中国率先进入无现金社会，8 月，微信与支付宝加快推进无现金社会，先后开展了活动。微信支付方面介绍，这一轮的无现金日活动会在三个方面有提升：一是鼓励金可积累、可分享给好友，借助社交优势，给商家引流，商家可以通过小程序在群里发优惠券；二是会投入巨额资金；三是会有鼓励金、代金券和现金红包等各类营销玩法。

2017 年，微信支付的无现金日活动从 8 月 1 日开始持续整个月。这次活动投入了巨额资金，而且不同于以往只有微信单方面补贴，此次借助社交优势，给商家引流，商家和微信支付一起做营销，一起补贴消费者。

几乎就在同时，阿里巴巴也在 8 月的第一周开始"无现金周"活动，活动的规模和力度也是空前级别的；而之前一直保持"高冷"的苹果，也举行了为期一周的 Apple Pay 支付补贴活动。

虽然三者有竞争市场份额的目的，但客观上推进了中国无现金社会的进程。

面对移动互联网支付替代现金交易及无现金社会的快速发展，各方都应该顺应这一潮流，积极参与，顺势而为。支付宝、微信支付这样的民企是推动中国无现金社会的主力军，也是最为主动积极的一方，它们把政府该做的都做了。

作为消费者和商家更应该积极使用微信支付、支付宝支付，既方便又高效快捷，免去了找零的麻烦，还无污染、不浪费纸张。加上两大互联网公司良好的客户体验，消费者和商家用起来舒心快乐。

当商家拒收现金，只接受移动支付方式时，到底有没有违法呢？有央行人士表示，根据《中华人民共和国人民币管理条例》，商家拒收人民币现金属于违法行为。这种说法是正确的，但不够与时俱进，应该再补充一句，同时，也支持鼓励消费者与商家积极使用移动支付，推进无现金社会。

总之，面对移动支付迅速普及带来的无现金社会，我们应该积极拥抱，而不是消极对待甚至拒绝与远离。

中国两大移动支付坐在金矿上

根据中国人民银行发布的《2018 年支付体系运行总体情况》，2018 年移动支付业务达 605.31 亿笔，金额为 277.39 万亿元，同比分别增长 61.19% 和 36.69%，移动支付业务量快速增长。另外，艾媒咨询（iiMedia Research）2019 年发布的报告数据显示，2018 年中国移动支付用户规模达到 6.59 亿人，平均每月移动支付金额占总支出的比例超过 75% 的用户达到 43.6%。

美国等西方国家擅长运作传统的银行卡、信用卡等结算工具。那时,银行卡、信用卡、自动存取款机是支付结算的发展方向,是金融结算业务的风口。相对于物理性的营业网点来说,银行卡是最便利、最高效的结算支付工具了。

令人意外的是,互联网,特别是移动互联网的发展让各个行业都发生了颠覆性巨变,这就包括对传统金融的支付系统的颠覆。巨变率先从中国开始了,中国新的移动互联网支付工具比美国等发达国家盛行的银行卡支付更加便利高效,更能迎合高节奏社会老百姓的需求,客户体验非常好。

微信与支付宝的二维码扫描不仅能够以低廉的价格提供付款服务,而且允许小型供应商使用简单的二维码打印件或手机收款,无须昂贵的读卡器,更重要的是其便利性大受客户欢迎。两家企业还用后台系统来存储用户的账户记录,不需要与银行进行通信,这也有助于降低成本。

中国的移动支付不仅把传统金融支付方式甩出几条街,还正在取代银行卡支付。最新数据显示,在2018年,蚂蚁金服和腾讯每天的交易总额超过了维萨(Visa)和万事达卡。实际上,中国的移动支付不仅仅是一个金融现象,而且已经成为一种生活方式。移动支付改变的不仅是金融本身,而且正在颠覆整个经济金融生态,使现金支付方式进入被替代的时代。

移动支付使支付宝与微信支付已经坐在了金矿上,中国的每一个企业和品牌都被接驳到了这个生态系统上,中国的几乎每一个成年人都在使用移动支付。据统计,到2018年第三季度,微信支付的市场占比已经攀升至38.82%,

支付宝的市场占比略有下降，为 53.71%，两家公司的市场占有率合计达到了 92.53%。

支付宝与微信支付已经成为未来发展潜力最大的企业，它们可以从交易中赚钱，向其他公司收取使用其支付平台的费用，同时也可以收集付款数据，运用到从信用系统到广告的各种服务中。如今，两家公司的支付"战争"又燃烧到了刷脸支付领域。

中国移动支付远远领先于世界，让中国人自豪，更让支付宝与微信支付成为最具现代意义的新金融支付模式，其后劲与潜力巨大。

支付宝与银联打造移动支付航空母舰

2018 年年初，媒体报道支付宝将与银联合作，支付宝将在条码支付业务上接入银联，由银联提供转接清算业务。当时，笔者就认为银联与支付宝最终一定会达成协议，因为这是利国利民利己的共赢之举。更重要的是，这有利于整合国内移动支付资源，握紧拳头，打造世界无敌的中国移动支付的航空母舰。

2018 年 9 月 14 日，支付宝接入银联的传闻终于落地，据《每日经济新闻》报道，银联与支付宝已经签署合作协议，将在支付清算领域正式展开合作，支付宝将在无卡快捷、条码支付等业务上与银联合作，由银联网络提供部分转接清算服务。支付宝和银联合作，两大国民巨头握手，具有标志性意义。我们正在见证一个强大的中国移动支付体系的形成,而且能够达到优势互补、握紧拳头、形成巨头的目的。

中国银联在传统支付领域占据绝对优势,几乎所有商业银行支付体系都对接在银联平台上。易观发布了《中国第三方支付移动支付市场季度监测报告 2018 年第 4 季度》,数据显示 2018 年第四季度中国第三方支付移动支付市场交易规模达 47.2 万亿元人民币,环比升高 7.78%。其中,支付宝以 53.78% 的市场份额夺得移动支付头名,且份额较第三季度再度扩大 8 个基点。支付宝与银联合作能够达到相互融合、优势互补的目的。支付宝、微信与银联合作,是在中国金融领域民企与国企合作共赢的创新性探索,其意义不亚于国企混合所有制改革。

随着开放生态成为潮流,领先的支付机构对开放共赢的理解都在不断加深,因此都开放合作,积极拥抱监管。而支付宝等在新金融领域处在领先地位,这是强大金融创新的结果。而这种创新之所以成功,离不开中国改革开放的良好环境,离不开开明的监管机构与监管体系。

马云在 2018 年博鳌亚洲论坛上曾经有感而发:"没有周小川行长就没有今天的支付宝。"率领新金融潮头的蚂蚁金服,经过多年发展,上上下下拥抱监管的理念正在形成。同时,蚂蚁金服正在以开放的姿态,寻求共赢多赢,特别是与银联合作共赢。

支付宝和银联、网联,微信和银联、网联的合作,构成了中国支付体系的完整图景,会进一步加强中国支付行业的整体实力,由央行打造的中国支付行业也越来越规范和强大。中国支付体系的新格局或随着蚂蚁金服的支付宝与银联合作而展现出新的画卷。民营的支付宝、财付通及其他支付机构，以移动支付为主要市场;通过银联、网联两大平台打通所有支付机构通道,实现支付领域互通互联,构成中国畅通无阻的移动及线下支付体系。然后,在央行等监管部门的领导与监管下,合规合法开展业务,服务客户;整合力量、握紧拳头,大踏步走向世界。

在国家政策的指引下,支付机构与银联等联手,在国际上会有更大的影响力和发展空间,更能锻造出中国支付产业的世界最强竞争力。央行当前一系列政策,鼓励外资走进来和中国领先企业走出去,包括对第三方支付创新的包容,是中国支付产业能够迅速领先全球,并继续获得更大发展的根本保障。

中国银联是银行卡支付清算平台,是中国最早致力于境内外支付市场的巨头企业,可与万事达、维萨媲美并肩。特别是这几年海外业务拓展迅猛,经常出境的人士都知道,银联标志在宾馆饭店、商场及机场车站码头等都随处可见。一卡在手走遍天下,就是通过银联实现的。

支付宝、财付通、银联三家强强联合,在支付领域将是全球无敌的。值得注意的是,支付宝已经在大踏步国际化,与银联合作能够达到相互融合、优势互补的目的。目前,国际卡组织维萨及万事达和电子支付巨头贝宝(PayPal)都在觊觎中国市场,而蚂蚁金服和银联的合作,不仅有助于双方共同巩固国内支付产业的优势,还将使中国在移动支付领域傲立世界潮头。

Apple Pay 在中国为何被边缘化？

Apple Pay 于 2014 年 10 月 20 日在美国正式上线,2016 年 2 月 18 日在中国上线。当时,笔者曾对其抱有很大希望,希望它能发挥鲶鱼效应,搅动中国移动支付市场。结果却事与愿违,Apple Pay 不仅没有对支付宝、微信支付独霸的市场格局有任何撼动,还快速被边缘化了。

2016 年第四季度和 2017 年第一季度移动支付的市场份额显示,Apple Pay 的市场份额其实连 1% 都没占到。在易观发布的《中国第三方支付移动支付市场季度监测报告 2018 年第 4 季度》中,支付宝、腾讯金融(含微信支付)占移动支付的市场份额分列第一、二位,两者合计占据整个市场的 92.65%,只剩下不到 8% 的市场份额被其他机构占据,这个市场份额反差太大。

Apple Pay 沦落到这个地步,原因非常多,其中最大的因素是 Apple Pay 自身的原因。凭借苹果公司的强大移动设备市场份额与创新能力,Apple Pay 高高在上,脱离中国市场实际情况,漠视移动支付消费者的良好体验及已经形成的支付习惯,以这种居高临下的姿态从一开始就注定会失败。

比如中国大陆消费者已经形成的扫描二维码的支付方式,这种极为便利的方式在中国市场已经成为消费者的习惯。Apple Pay 错误估计了自己的市场影响力,认为采取 NFC 支付技术,以安全性比二维码高为说辞就可以占领市场,客户在安全与便利性面前会选择安全性更高的移动支付工具,因而 Apple Pay 就有机会。这种想法实在是大错特错。

互联网业态的规模经济效应非常大,移动支付有一个"先入为主"效应。支付宝与微信支付占领市场后,消费者已经形成了习惯,试图改变这种习惯非常之难。在安全与便利性的选择上,年轻人往往会选择方便,况且 NFC 与二维码扫描的安全性差异非常小,更多的细节只有专业技术人员能够了解。更重要的是,实践已经证明,二维码扫描的安全性不存在任何问题。同时,NFC 在手机里预装的普及率并不高,等待普及率提高后,市场份额已经被支付宝与微信支付牢牢占领了。这就是 Apple Pay 在中国大陆被边缘化的根本性原因,或者说从一开始 Apple Pay 在战略上就出现了重大失误。

如果 Apple Pay 一开始也采取二维码扫描支付,那么今天的市场格局或许会发生重大变化,形成支付宝、微信支付、Apple Pay 三分天下的格局不是没有可能。

在支付宝、微信支付占据 90% 以上市场份额的情况下,Apple Pay 要想夺回市场份额,胜算几乎为零。

如果想要夺回市场份额,该怎么办? 2017 年 5 月 27 日,中国银联联合 40 余家商业银行在京共同宣布,正式推出银联"云闪付"二维码产品,持卡人通过银行应用可实现银联"云闪付"扫码支付。如果 Apple Pay 能够放下姿态,接受云闪付扫描二维码技术的话,或许能够走向追赶支付宝与微信支付的正确轨道。

第四节
无现金社会的进化

移动支付迅速发展的同时,还有很多弊端一直没有得到解决。2017年,随着区块链技术的出现,诸多以加密数字货币为载体的区块链支付方式也应运而生,区块链支付成为探索新解决方案的必然选择。

区块链技术从一开始就被大家公认的一个好处,就是解决了人与人之间的信任问题。作为区块链技术在金融领域最广泛的应用之一,区块链支付的去中心化有着极大优势。区块链技术的应用有助于降低金融机构间的对账成本及争议解决的成本,显著提高了支付业务的处理效率。

加密货币是无现金社会的最终归属

无现金社会是近两年在中国非常火的现象。与传统的北欧无现金社会最大的不同是,中国无现金社会的驱动力是移动支付,是借助移动智能手机来实现的。将支付作为手机的一个功能,而且通过扫描二维码这种极为方便的方式完成支付,仅从普惠金融来说,这种支付方式能够实现最大的普惠金融效果。

人人都有手机,这给移动支付奠定了最普惠的基础。对商户企业来说,随时打开二维码就可以完成支付,同时收付款量大且频繁的商户企业打印一张二维码就可以方便收款,成本仅是一张复印纸的价格,比信用卡刷卡器的推广成本要低得多。这是中国移动支付仅仅用了几年时间就迅速推开和占领市场的原因。

2018年中国移动支付业务量快速增长,移动支付业务已达605.31亿笔,金额高达277.39万亿元。与2013年相比,交易金额已经增长超过27倍。其中,支付宝、微信支付(理财通、QQ支付)是两大巨头,这两家企业所占的市场比例超过了90%。

中国移动支付渗透率全球领先,2018年电子支付使用比例高达71.4%。总部设在香港的投资公司里昂证券公司(CLSA)预测,到2021年中国的电子支付规模将达到45万亿美元。即便是眼下,从租赁单车到购买快餐的一切事情都可以用智能手机付款,而且现金不是有效的付款方式。中国互联网络信息中心(CNNIC)发布的第43次《中国互联网络发展状况统计报告》显示,2018年,中国手机网络支付使用率达71.4%,其中线下消费时使用手机网络支付的比例由2017年年底的65.5%提升至67.2%。

此外,2018年央行发布的《2017年中国普惠金融指标分析报告》显示,2017年中国使用电子支付的成年人比例为76.9%,农村地区使用电子支付的成年人比例为 66.51%，这些都充分显示了中国移动支付的超高渗透率。亚洲最发达、最先进的国家是日本、新加坡，然而在新金融上，日本、新加坡已经远远落后于中国了。

中国移动支付在日本市场给消费者带来方便的同时，也对日本金融机构带来了冲击，日本几家商业银行联合推出虚拟货币"J 币"以对抗中国移动支付冲击。

不过，一个重要问题已经出现。中国包括全球市场的支付结算市场都集中到一两家或者几家支付机构里，比如中国支付结算集中在支付宝与微信两家公司，风险是巨大的。毕竟这些支付机构模式都是中心化的产物。那么多的金融数据都集中在支付宝与微信两个平台里，一旦有闪失，那将会发生金融大风险，多层备份似乎也难以防范。因此，支付集中在一两家或几家公司，集中数据、集中记账、集中转账、集中收付等这种中心化模式是非常危险的。

出路何在呢？

一个叫作美国商业内幕网站的媒体敏锐地观察到这一点。据其报道称，当前数字交易的崛起很可能只是中间的一步，如果现金确实行将消失，加密货币似乎是显而易见的接替者。就方便性和易使用性来说，加密货币能提供所有这些优点，但又具有数字分类账的额外保护和类似智能合约的技术优势。

从这个角度来说，加密数字货币或是无现金社会的最终归宿。

这或是加密数字货币被一些国家严格监管，但却难以阻挡其价格走高的原因，加密数字货币的生命力就在于此。

加密数字货币是完全去中心化的，没有发行机构，不可能操纵发行数量。外部任何相关行业和机构无权利也无法关闭它，加密货币价格可能有所波动，拥有加密数字货币的人及用加密数字货币来交易流通的人不会消失，因为加密货币也是具有价值的信用货币。

加密数字货币无国界。跨境、跨国汇款，会经过层层外汇管制机构，而且交易记录会被多方记录在案。但如果用加密数字货币交易，直接输入账户地址，点一下鼠标，等待网络确认交易后，资金就转过去了，不经过任何管控机构，也不会留下任何跨境交易记录，方便快捷。

商店使用加密数字货币交易，可省去税收及资金监管大量手续费的成本，全球流通非常方便。加密数字货币不受央行管控，数量有限，完全可以抵御通货膨胀的压力，让老百姓的财富保值、增值。

加密数字货币采取分布式账簿，人人都是记账员，人人都有一本账，有财务智能合约信用背书，不惧怕发生任何病毒入侵或账户系统毁灭等，发生金融风险的概率很低。

加密数字货币将成为无现金社会的最终承载者。

各国央行围剿加密数字货币的"阴谋与私心"

说是多国"围剿"加密数字货币，其实大多数只是一些国家央行的某些官员对比特币的口头表态，并没有出台明令禁止的规定。被中国国内媒体渲染的对加密数字货币"恨之入骨"的韩国,至今没有出台任何限制比特币"挖矿"与交易的规定。韩国监管部门表态,尊重 8 万网友反对的民意,暂时不考虑出台监管措施。

2018 年 1 月 12 日,印尼央行就比特币等加密货币交易发出新的警告,称其可能导致公众的财产损失,并对金融系统的稳定性构成威胁。以色列央行宣布,该行不会把比特币等虚拟货币视为实际货币,很难制定法规来监测此类活动对本国银行及其客户的风险。美国财政部长姆努钦表示,他对加密货币有两大担忧,一是加密货币是否用于洗钱等非法活动,二是消费者利益是否会受损。欧洲央行已多次警告投资加密数字货币的危险。如 2017 年 9 月,欧洲央行副主席比托尔·康斯坦西奥即表示,比特币不是一种货币,而是一种泡沫,就像 17 世纪的荷兰郁金香泡沫一样。

唯一独特的是中国,中国央行先是全面叫停 ICO 平台交易,接着叫停比特币交易平台,再接着对比特币"挖矿"严加监管,中国央行副行长潘功胜在 2018 年 1 月 16 日呼吁全面禁止比特币场外集中交易。

最令人奇怪的是,美联储对加密数字货币始终态度暧昧。美联储主席鲍威尔表示对加密数字货币采取容忍观察的态度,认为加密数字货币有其合理性。笔者曾经撰文指出,加密数字货币有可能取代美元的国际货币地位,美联储应该最惧怕,第一个跳出来打压封杀。

各国央行纷纷对加密数字货币表示担忧,直接原因是比特币等加密数字货币确实出现了非理性的泡沫式上涨,风险确实很大。这是个现实问题,各国央行理所应当出来给予提醒,这才是对比特币等加密数字货币负责任的态度。笔者一直强调,比特币价格攀升到 10000 美元后就已经有很大的泡沫风险了,如果比特币一直疯涨下去,毁掉整个加密数字货币是必然的。各国央行如果真正抱着警示泡沫的想法,抑制风险无可厚非。

但无论比特币的风险有多大、泡沫有多大,都挡不住加密数字货币的发展趋势。就算比特币被打压下去,一定会有别的什么加密数字货币被"创造"出来。从这个深层次意义上说,各国央行围剿加密数字货币的真正目的是惧怕加密数字货币削弱甚至替代央行的作用与地位。

国际货币基金组织总裁克里斯蒂娜·拉加德一直力挺加密数字货币。她甚至设想用加密数字货币代替特别提款权。她在发言中用计算机的发展类比加密货币:"几十年前,人们还认为个人电脑是天方夜谭,平板电脑只能用来当咖啡垫,比特币的出现和发展不应该被央行决策者们忽视。"

更加值得关注的是,她一针见血地揭穿了各国央行围剿加密数字货币的"阴谋与私心",她说:"加密数字货币并非昙花一现的风潮,而是货真价实的货币创新。现在距离加密数字货币大范围普及只剩下技术障碍,随着该领域发展,这个障碍也终将被攻克。加密数字货币将对金融中介和央行的未来产生深远影响。在新的金融世界里,现有银行的重要性下降,对央行存款的需求减弱,央行的作用将被严重削弱,无法再制订任何货币计划。随着加密数字货币的到来,金融现状将面临剧烈挑战⋯⋯"

从拉加德一针见血的话语中,能看出各国央行围剿加密数字货币背后的"用心"。但加密数字货币在这种强势围剿下，或许会成长得更加坚强与健康。

为何比特币必然会诞生？

加密数字货币成为热门话题，加密数字货币的鼻祖比特币更是成为众矢之的。当加密数字货币整体已经被炒作得泛起较大泡沫，那么其背后肯定存在风险。从这个角度来看，各国央行表达对加密数字货币泡沫的担忧与提醒是不无道理的。

但是，我们必须看到加密数字货币一定是未来的发展趋势，加密数字货币背后的区块链技术一定是未来最具颠覆性的创新。加密数字货币成为国际货币只是时间问题，这可能在一定程度上冲击各国的央行。比特币的出现就是奔着国际货币而来的，就是被主权货币逼迫着而诞生的，正因为社会民众对主权货币的厌恶与憎恨，被主权货币杀人不见血地无形剥夺，才亟需一种货币替代主权货币来为民众"报仇雪恨"。

比特币诞生于2009年，正是2008年金融危机刚刚爆发之后。受一轮又一轮经济危机、金融危机冲击的老百姓，不再相信主权货币。经济危机、金融危机的罪魁祸首都是央行，它们无节制地发行货币，主权货币严重超发，酿成了通货膨胀，导致金融危机与经济危机。一些国家央行不仅在无形中超发货币，还将发行货币投放到股市里坐庄拉升指数，蒙蔽投资者，破坏市场机制，无形中侵害了普通投资者的利益，甚至利用货币投放到股市里的大权搞暗箱操作、利益输送。

过去货币发行基本根据社会商品总额除以货币流通速度这个公式来决定。后来各国对外贸易与资本流动总额增大后，就加上外汇占款这个因素来发行货币。一些国家央行发行货币缺乏底线，大量超额发行的货币给少数人谋取巨大利益，最终都要通过来一次通货膨胀或爆发一场金融危机来让普通百姓买单。这时候，比特币就顺应潮流与民意诞生了。

央行无节制发行货币的最典型代表是瑞士央行。瑞士央行利用发行货币的特权，成为全球最赚钱的央行。作为一家上市公司，瑞士央行从来不走寻常路。2017 年瑞士央行的利润预计达到 550 亿美元，成为全球利润最高的公司之一。在"自己印钱自己花"的垄断模式下，其股价在过去的 3 年里翻了5 倍。

不同于其他利润丰厚的公司雇员数量庞大，这家公司仅有 800 名左右员工。它还有"合法垄断"的地位，其生产的产品是无人与之竞争的瑞士法郎。

2008 年金融危机爆发之后，和全球其他央行一样，瑞士央行的资产负债表也大规模扩张，大约扩大了 8 倍，达到 8000 亿瑞郎。换句话说，瑞士央行印了很多钱，比整个瑞士的经济规模还要大。这些钱流入实体经济，流入金融市场，推高了资产价格。

2015 年，瑞士央行开始推行负利率，鼓励银行、企业、个人购买商品，因为负利率下存钱即是亏损。于是，资产价格被进一步推高。在印钱、降息的同时,瑞士央行还不断购买资产,从股票到债券买到手软,这么多钱在瑞士国内肯定花不完,于是瑞士央行就配置了大量美国公司的股票,如今手上握着大概850亿美元的苹果、微软、可口可乐、Visa等公司的股票。恰逢美国牛市,股价越是上涨,瑞士央行赚的就越多。

在瑞士央行利润飙升的同时,瑞士的债务水平也一飞冲天。目前,瑞士家庭负债占GDP的比例居世界前列。

瑞士央行的这些数据,从侧面反映出过去10年全球货币宽松的格局对市场造成的巨大影响。人们不禁要倒吸一口凉气:假如美联储也像瑞士央行一样操作,会怎样?

美联储如果疯狂印美元并在全球购买最优质的上市公司股票资产,那要比瑞士央行赚得更多,最赚钱的银行就不是瑞士央行,而是美联储了。国际债务是用美元衡量计价的,美元的印钞权在美联储。美元需要多少印多少,怎么会还不起债务呢?这一语道破了主权货币剥夺弱势国家、黎民百姓、债权人利益的真实面目。

正是在这种全球主权货币生态下,无主权、去中心化、数量固定并且从技术设计上根除超发的比特币应运而生了。比特币在两大领域直击主权货币的软肋:一是去中心化的无主权货币,谁也别想控制;二是总数量既定,不是想发多少货币就发多少,想怎么发就怎么发,比特币的总数量被永久限制在2100万个。这些特点正好迎合了全球公民对改革主权货币体系的诉求,也是比特币迅速发展、迅速被市场认可的内因。

俄罗斯或利用加密货币规避美国制裁

在中国,比特币没有作用与价值的观点很有市场。人们似乎忘记了,货币符号本身是没有价值的。无主权、去中心化的货币很早就诞生了,在历史上,贝壳曾经充当过一般等价物,贝壳有多大价值呢？其价值就在于市场各个主体约定俗成地承认贝壳的一般等价物的角色。

比特币能够让全球投资者趋之若鹜地追随和投资,并且在全球基本形成一个没有中心、没有主权的统一投资市场与价格,被全球投资者广泛认可并斥重金持有,并且在一张"网"上自由交易、全球流动,这非常不容易,这就是它的巨大价值。

当然,持对抗性思维、对伟大创新总不往好处想的人首先认为,比特币会成为跨国洗钱、贩毒等交易的工具,成为冲击本国外汇管制体制的武器。

这种观点的深层次思想基础是金融既得利益。在现有金融体系下的众多既得利益者,包括笔者自己在内,都惧怕新金融的颠覆性冲击。比如:如果比特币代替各国货币成为支付手段后,各国央行还有存在的必要吗？眼看着要失去权力或者自身权力受到威胁,既得利益者肯定先下手为强,利用现有权力予以取缔或把加密数字货币赶出本国市场。因此,这些人一上来就对创新,包括加密数字货币抱有敌意。

例如俄罗斯,其有关加密货币的法律草案被指责为是由保守的寡头制定的。有分析直言不讳地说,相对于俄罗斯,他们更效忠于华尔街和伦敦金融城。

这里必须弄清楚俄罗斯的经济软肋在哪里,不在于其劳动力、技术潜力或物质资本。俄罗斯的最大弱点已经在 2014 年被美国和欧盟充分地利用了,那就是它的金融体系。俄罗斯的既得利益群体顽固不化地坚守传统的金融体系,是一个没有堵上美元在俄罗斯经济流通漏洞的金融体系。

俄罗斯关于加密数字货币的法案并不明智。比如,法案允许俄罗斯人持有加密数字货币,但不允许他们将其用于任何交易。这显然是希望保护卢布作为唯一结算货币的地位,但与此同时,俄罗斯最大的问题是存在一个基于美元的平行银行体系。

阻碍俄罗斯经济发展的是资本并没有以专业的方式在该国流动,俄罗斯的银行体系实际上只处于第三世界的水平,并且仍然被西方的影响所侵蚀。

规避美国和欧盟制裁的最佳途径是脱离美元,这样将使制裁成为一纸空文。就以普京赞赏的以太币来说,以太币(ETH)和其他“智能合约”加密货币能够帮助俄罗斯大幅提升目前的金融后台效率,并超过西方的水平。这是因为很多后台工作涉及的处理、清算和归档事务都可在区块链上完成。

笔者则认为,比特币冲破了各个国家的外汇管制,大大方便了普通企业和百姓的财富在全球自由流动。俄罗斯更加出人意料,竟然想到了用加密数字货币来规避西方的制裁。

当然,加密数字货币能否在俄罗斯成功规避美国和欧盟的制裁,其决定因素不在外部,而在于俄罗斯政府内部的创新改革派能否战胜保守派势力。

Facebook 加密货币体系或成里程碑

从 2018 年开始,扎克伯格就在酝酿数字货币项目,他多次在公开演讲场合明确表示,Facebook 要推出自己的数字货币。那么,扎克伯格推出数字货币的目的是什么呢? 一句话:解决金融配置的不公!

目前全球仍有 17 亿成年人未接触到金融系统,无法享受到传统银行提供的金融服务,而在这 17 亿人之中,有 10 亿人拥有手机,近 5 亿人可以上网。言外之意是,传统金融手段是无法给予这 17 亿人金融资源配置和服务的。但这其中 10 亿拥有手机的人,只要能够接入移动互联网,就能通过移动互联网接受金融服务,而他们之中已经有 5 亿人可以上网。Facebook 认识到要解决这 17 亿人的金融服务空白,必须使用互联网、移动互联网、大数据、云计算、人工智能、区块链和加密货币的新金融手段,这是 Facebook 的一个机会。

现有加密货币在保值和交换媒介方面均表现欠佳,关键在于现有加密货币背后提供支撑的价值非常不明确。要将计算挖矿等付出的脑力、物质设备、能源等物化到比特币里吗? 这个理论的说服力并不强,很难让人信服。同时,现有加密货币作为交易媒介的表现并不突出,却成为转移非法所得、洗钱、逃避外汇管制的工具。Facebook 看到了现有金融服务和加密货币存在的问题,将携手金融部门进行合作和创新,共同建立更低成本、更易进入、联系更紧密的全球金融系统。建立全球金融服务生态体系,这才是 Facebook 真正的目的。加密货币仅仅在这个全球金融生态系统充当交易媒介而已，是一个小分支。

Facebook 加密货币与现有加密货币有哪些异同？

首先，两者的相同之处都是建立在安全、可扩展和可靠的区块链基础上。两者都没有脱离加密货币的本质属性，即区块链为底层技术，利用区块链技术才是未来金融发展的方向。Facebook 掌门人多次表示过对区块链技术的认同，并立志研究开发区块链技术的应用，Facebook 首先在金融领域取得了突破，路径选择非常正确。加密货币不能脱离去中心化、分布式记账和全员信用背书三大技术特点，否则，就不能称之为加密货币。

Facebook 的加密货币"Libra"与比特币的不同点是，Libra 以赋予其内在价值的资产储备为后盾。这个资产不是黄金，也不是某一个国家的单一主权货币，而是采用了一系列低波动性资产（比如，由稳定且信誉良好的中央银行提供的现金和政府证券）进行抵押。也就是说 Libra 背后有真实的资产做支撑并且随时可以转换交易。这给 Libra 走进最广泛的经济市场提供了坚实的基础，解决了比特币等加密货币的痛点。

Facebook 进军加密货币等金融领域是有备而来的。在组织机构上，Libra 由独立的非营利性成员制组织 Libra 协会治理，该协会的任务是促进该金融生态系统的发展，其总部设在瑞士日内瓦。目前，Libra 协会首批"创始人"组织包括支付行业、技术和交易平台、电信业、区块链公司、风险投资业、非营利组织、多边机构和学术机构等 28 家。Facebook 称，希望到 2020 年上半年针对性发布时，Libra 协会的会员数量能够达到 100 家左右。

这 100 家会员将是 Facebook 金融生态系统建设的中坚力量、推广机构和应用试验组织。Facebook 从一开始就明确了自己的角色定位，让协会成员放心，让监管部门放心，让交易者、持有者和投资者放心。Facebook 将保有领导角色至 2019 年结束，并为此创立受监管的子公司 Calibra，以确保社交数据与金融数据相互分离，同时代表其在 Libra 网络中构建运营服务。可以说，到 2020 年，Libra 协会将是一个完全独立的加密货币组织。这是 Facebook 的远见，也是扎克伯格的境界。

Facebook 在白皮书中宣称，推出 Libra 是为了打造一个新的去中心化区块链、一种低波动性加密货币和一个智能合约平台。

Facebook 推出加密货币 Libra 并发布白皮书，标志着全球大型互联网社交平台公司正式进军加密货币等新金融行列。这对于助推加密货币等新金融发展具有历史性意义，是新金融发展的一块里程碑！

第五节
移动支付更加智能化

新技术的应用、新巨头的加入、新场景的融合都让一些传统的金融业务有了焕发新生的机会,移动支付的发展将越来越迅猛,已然成为未来支付行业的风向标。伴随着互联网技术的越来越完善,人工智能、图像处理等技术的成熟,移动支付发展方向愈加智能化,支付场景更加多元化。

随着刷脸支付技术开始全面进入商用,区块链技术与加密数字货币的发展,使移动支付智能化如虎添翼,智能化也将是未来移动支付拓宽场景的必然选择。

移动支付智能化的过程

当今,大型互联网公司全力推广移动支付平台是全球范围内的移动支付趋势。这些公司已经认识到移动支付不仅仅是支付本身的问题,更是吸引客户的入口和平台,通过这个入口和平台把客户吸引来以后,可以衍生出的东西非常多。

移动支付发展了若干年,技术趋于成熟,用户认知度和接受度都得到了大幅度提高,普及面非常广。现在面临的问题是,微信支付和支付宝如何百尺竿头,更进一步?关键的问题有两点:一是移动支付的发展方向是智能化;二是要拓展支付场景。

具体说来,一是移动支付本身的智能化发展。AI 使移动支付更安全,在移动支付系统中暗藏智能机器人守护神,随时发现网络环境变化、支付场景变化、操作人变化、密码更改、假二维码、黑客入侵等影响支付安全的情况。智能化旨在让客户体验更好,支付更加便利。从生物智能技术来看,将指纹、刷脸、声波、虹膜、静脉等应用到移动支付里,大大方便了客户使用。二是移动支付服务于智能化场景。比如在智慧城市中移动支付的作用,在智慧公交、地铁等场景下移动支付更加智能等,特别是在个人智慧理财上还大有可为。

中国支付清算协会移动支付和网络支付应用工作委员会发布的《2018 年移动支付用户调研报告》显示,移动支付在百姓智慧理财场景中的提升速度出人意料。调查显示:2018 年,99.1%的用户表示最常在购买理财、股票证券等投资理财类场景使用移动支付,较 2017 年提升了近 60%;其次为生活类,如购买吃穿用方面的生活必需品等,占比为 97.2%,与 2017 年基本持平;公共事业类的支出排名第三,占比为 68.2%,比 2017 年增长了 6.7%;票务类缴费排名第四,占比为 67.0%;通过移动支付在商旅和娱乐类业务下载两个场景进行支付的用户,分别占比为 64.1％和 46.7％;最后,使用其他场景的用户占 16.7％。

这里已经佐证了笔者的观点:移动支付工具是一个入口和平台,可拓展空间几乎是无限大的。以后支付功能可能成为次要的,还会形成诸如理财、购物、投资等社会经济的所有场景。再走下去,要想继续拓展场景,必须进行 AI 赋能。

《2018 年移动支付用户调研报告》指出了一些急需拓展的移动智能支付场景:最应加强移动支付在公交地铁和医院场景的应用。2018 年,有 66.6％的用户认为市场主体需要进一步加强移动支付在公交地铁领域的应用;排名第二位的是医院,占比为 64.9％;排名第三的是高速公路,占比为 54.5％;排名第四的是停车场,占比为 48.5％;排名第五的是水电煤气缴费,占比为 45.4％;菜市场及便利店分别占比 44.5％和 43.8％。

刷脸支付技术全面进入商用

刷脸支付技术进入市场的动作非常早。不过,该支付方式一直处于研发、试验、测试阶段,2016 年才开始作为辅助性安全验证进入支付、手机开机"密码"验证等领域。

毕竟,脸部验证的复杂程度、安全要求等都要高许多。第一次采集脸部验证"底版"标准时的光线等因素,与实际使用时的环境因素会大不一样,这就给脸部验证造成了难度；此外，脸部验证对双胞胎的辨别仍然困难。

目前，脸部验证准确率最高的是蚂蚁金服。蚂蚁金服相关负责人表示，支付宝配备了 3D 红外深度摄像头，且辅之以软硬件结合的方法进行检测，误识率低于十万分之一。

阿里巴巴在刷脸技术研究上起步较早。2015 年，在德国汉诺威消费电子博览会的开幕式上，阿里巴巴董事会主席马云首次向外界展示了脸部识别技术：他将自己的脸放置于机器的识别框内，系统自动识别并完成了支付，为他成功购买了一张 1948 年汉诺威工业博览会的纪念邮票。

2017 年 9 月 1 日，支付宝宣布在肯德基的 KPRO 餐厅上线"刷脸支付"，正式将刷脸支付推向了商用。北京通州万达的京东之家也可以体验刷脸支付购物的"黑科技"。在南京徐庄苏宁生活广场开业时，消费者"刷脸"即可进门，离开时以正常步行速度通过付款通道即可实现付款。

2018 年 7 月，天猫小店正式接入了"刷脸支付"。2018 年 11 月 13 日，在蚂蚁金服开放日上海站，支付宝发布了全新刷脸支付产品——"蜻蜓"，它的最大特点就是：将刷脸支付接入成本降低了 80%。2018 年 12 月，阿里巴巴首家未来酒店"菲住布渴"开业，这是全球第一家支持全场景刷脸住宿的酒店。住客进入酒店乘电梯，无须刷房卡，刷脸就可以按楼层；开房门，无须房卡，刷脸就行；去餐厅，无须报房号，刷脸就能吃饭；去健身中心，脸同样是通行证。

与扫码支付相比，刷脸技术更节约时间，但是推广起来难度会更大一些。

我们先以移动支付为何能够淘汰银行卡支付或者银联系统为例进行讨论。二维码扫描支付除了方便、快捷、安全外,一个最大的优势是推广成本低,用一张复印纸打印二维码往墙上、车上、胸前一贴或一挂即可,成本只要几毛钱。而信用卡、银联支付需要 POS 机,成本高、携带不方便。一个 POS 机成本最少要几十元,这种支付方式根本不可能推广到零售行业和服务行业,诸如小商贩、出租车司机等。

刷脸支付推广同样面临成本高的问题。检验脸部的一套设备就不是普通商户能够负担起的。刷脸技术支付可以在特定领域商用,比如无人便利店,大商家、科技公司自己的支付领域等。

不过,无论刷脸支付技术在推广上存在多大难度,它都是一个发展方向,这是绝对不能否认的。

刷脸支付商用以后,就离马云常说的手机被淘汰又进了一步,技术变革的速度令人难以想象。在欧美国家对中国移动支付还追赶不及的时候,中国的刷脸支付又开始进入商用领域了,中国又领先了,让欧美追都追不上。

根据艾瑞咨询的数据,2013 年,中国第三方移动支付市场交易规模为 1.2 万亿元,到 2018 年,第三方移动支付市场交易规模已高达 190.5 万亿元,同比增长了 58.4%。刷脸支付的加盟,无疑会为无现金社会增加一份新动能。同时,刷脸支付技术的市场蛋糕也非常之大。

前瞻产业研究院发布的《中国人脸识别行业市场前瞻与投资战略规划分析报告》显示,2017 年中国人脸识别行业市场规模达到了 21.91 亿元。2018

年中国多座火车站在乘客身份识别中使用人脸识别技术,市场规模明显提高,约为 27.6 亿元,较 2017 年增长了 26％,预计到 2021 年将达到 51 亿元左右。而尚未被完全开发的金融行业人脸识别的市场,更被业界预估为价值达千亿级的市场。

人类的进步需要先驱者的投入,刷脸支付的确是未来支付的趋势。如今,这个场景已经显现出来:你在支持刷脸支付的商场购物后走到收银台,脸部稍微动一动,你的付款信息数据就显示在了屏幕上,核对数据无误后用手指头确认即完成付款,前后不到 10 秒钟。

"蜻蜓""青蛙"引发刷脸支付大战

人工智能的关键在于学习能力。人工智能机器人也一样,它们刚刚被生产出来时不可能一下子拥有完美的思维。一个银行网点放置的一台机器人,刚开始安装时可能非常呆板,随着员工们不时逗一逗机器人,这台机器人会逐步学习和记忆。再后来,它与员工简单对话,充当大堂经理并服务、指引客户已经没有问题了。

因此,AI 金融真正的意义不在于利用历史数据对金融市场演变趋势进行分析判断、得出结论,从严格意义上说,这还停留在大数据、云计算阶段。AI 金融需要实现的是,遇到金融行情变化随时能够做出自己的判断,超越人工分析师,更准确地预测金融行情,更准确地分析信用风险,更智能化地完成支付等。

在智能支付上，中国大型互联网公司正在全力推进其应用。它们并不满足于已经非常便利的扫描二维码支付，开始推进不依靠手机的智能刷脸支付技术。

刷脸支付比手持手机扫描二维码支付更加方便，其背后是强大的人工智能技术。从消费者的角度来说，二维码时代，顾客仍需要操作手机，打开App、找出二维码才能扫描。这在购物场景中有时仍旧是不方便的，比如在手里有太多物品的时候。在刷脸支付的零售场景中，消费者不用带手机、钱包就可以吃饭、购物、完成转账。不用顾客说，商家就知道你是谁。

2019年4月17日，支付宝发布第二代基于线下消费场景的刷脸支付工具"蜻蜓"，大受关注。"蜻蜓"是支付宝于2018年12月宣布推出的一款全新刷脸支付产品，直接将刷脸支付的接入成本降低了80％。"蜻蜓"的外形如同一个台灯，只是取代"灯泡"位置的是一块书本大小的刷脸显示屏。将它接入人工收银机，并放置在收银台上，顾客只要对准摄像头就能快速完成刷脸支付。蜻蜓采用了3D结构光摄像头，更快更准。无论是大的医院、超市、餐厅、品牌零售店，还是路边的便利店、夫妻店甚至菜市场，均可刷脸支付。

继二维码支付之后的人工智能刷脸支付市场争夺战或许更加硝烟弥漫。支付宝拿出30亿元，一是对摄像头等设备产商、渠道伙伴和商户等给予补贴，二是作为线下门店推广应用的补贴。刷脸智能支付市场补贴价格战将再次打响。

无独有偶，在二代"蜻蜓"发布前一个月，也就是一代"蜻蜓"发布后的第3个月，2019年3月19日，2019年微信支付合作伙伴大会在广州召开，会上微信的刷脸支付设备"青蛙"正式上线。同样是一款微型桌面刷脸支付设备，两大移动支付巨头又杠上了。

"青蛙"和"蜻蜓"的功能非常相近，也瞄准线下商铺的支付场景，主要用于人工收银台，即插即用，免开发、免插件安装，轻松实现微信刷脸支付。接上POS机后，它也可替代原有的扫码枪或者扫码盒子进行扫码支付，POS机无须做任何改造或者开发。其用意很明显，就是为了对抗支付宝的"蜻蜓"，争夺线下刷脸支付的市场。

在2019年的三八妇女节，支付宝推出了女性刷脸支付5折的优惠活动，在线下刷脸支付市场站稳了脚跟。而微信"青蛙"的上线，意味着一场反击战就此打响。

这是一个好现象。不能让刷脸智能支付一家独大，"蜻蜓"与"青蛙"形成地空竞赛式的竞争格局，才能始终保持AI金融时代的蓬勃发展活力，消费者和客户商户会成为最大的受益者。

刷脸支付时代即将来临，全面取代二维码支付也许只是时间问题，它将引发继POS机、NFC、二维码之后的第四次无现金支付智能变革。

支付宝用 AI 机器人实现"秒赔"

　　刷脸支付很火爆。这种火爆并不是出于新鲜好奇,而是基于这样一种场景:当人们完成购物,提着大包小包走到收银处后,需要掏出手机,打开支付应用,然后扫描支付。这个过程还是令人感到不方便——需要放下大包小包,掏出手机付款。收银排队占用时间往往就是在这个环节。

　　如果购物也能像高速公路收费站的 ETC(Electronic Toll Collection)不停车收费通行那样,既方便了消费者,又节约了时间成本,那该有多好。怎么解决这个痛点呢? 刷脸支付设计就是针对这个痛点,基于这个场景而设计出来的。

　　刷脸支付器放在收银处客户通过的位置,客户提着大包小包时不用放下商品,脸部对着刷脸支付器就会直接支付,快速通过。也就是说,起码在线下支付中,利用刷脸支付已经可以脱离手机了。这是支付领域的又一个大突破。据说,刷脸支付在第一代时还需要输入电话号码,而升级后的第二代连电话号码也不用输入。支撑刷脸支付的正是大数据、算法和人工智能这几项技术。

　　刷脸支付进入实际应用,或者说进入大众化消费和商业领域时依然是支付宝在打头炮。2019 年 5 月 9 日下午,没有发布会也没有签约仪式,7-Eleven华南区副总经理徐胜利在广州海珠区的一间便利店里,对到场的几家媒体宣布：7-Eleven 华南区的近千家门店将全线接入支付宝的"蜻蜓"。宣布这个决定之前，7-Eleven 已经在华南地区进行了长达几个月的试点。徐胜利介绍，7-Eleven 对"蜻蜓"的引进是分三步进行的：最早试点了 2 家门店，一个月后扩展到 50 家，又经过一个月的实践论证才决定推广到华南区的所有门店。

　　无论是移动支付还是刷脸支付，需要解决的一个核心问题是什么？是支付安全，是支付发生风险后客户资金损失的赔付问题。安全是关键，赔付是客户痛点。刷脸支付依然面临这个问题。解决刷脸支付的安全问题，令消费者放心使用依靠什么呢？必须依靠 AI 技术，在支付安全上特别是移动网络和刷脸支付安全保障上，人工智能最有用武之地。

　　支付宝和微信两大支付平台一直在探讨人工智能用于保障支付安全问题。2019 年 5 月 28 日下午，支付宝宣布升级保障计划，如果经 AI 审核符合相应条件，将能实现"赔付秒到账"。

　　"秒赔"服务基于支付宝的 AI 技术。如果用户遭遇账户异常，可拨打客服电话 95188 或在支付宝账单页申诉，并提供相应资料。如果资料提供无误，经系统核实确系账户被盗，会自动完成理赔，处理时长可缩短至"秒级"。在试运行期间，部分用户甚至刚刚挂断客服电话就收到了理赔款。

　　支付宝每一笔交易都会受到智能风控系统的保护，加上 AI、生物识别等技术，目前支付宝的交易资损率已低于 5/10000000（千万分之五）。而即便发生了被盗的小概率的事件，支付宝也承诺 100％全额赔付。

这就厉害了。支付宝就是要针对客户的痛点和担心,解决问题。赔付程序复杂、时间长,客户耗不起时间和精力,是包括支付宝在内的所有服务业企业的痛点。利用 AI 技术秒赔,是支付宝的创举,这个升级是最能够打动和吸引客户的。你放心刷脸,我负责安全,全程 AI 机器人监督把守;如果资金发生风险,秒赔给你。

加密数字货币借记卡问世

加密数字货币,特别是比特币在 2018 年被打压以后,2019 年 3 月起又大有死灰复燃之势。

笔者观察到了三件事情:第一件事是,比特币价格在 2019 年 3 月出现了持续走高的态势,在突破 4500 美元后,继续高歌猛进,一举拿下 5000 美元高点,向 5500 美元迈进。股市也蠢蠢欲动,对加密数字货币板块,无论美股还是 A 股都一度为之疯狂。

在经济现象中,价格是最主要的风向标,是经济活动最重要的信号。比特币价格走高,除了资本的力量之外,肯定还有趋势性利好或应用上的突破。

第二件事是美国主要加密货币交易所 Coinbase 推出了 Coinbase 卡,使美国客户能够直接使用加密货币在实体商店和网上进行支付。Coinbase 卡是一种维萨借记卡,由客户的 Coinbase 账户加密余额提供支持,允许他们在全球范围内使用加密数字货币进行购物。该卡还会根据地区的不同,将客户的结算金额转换为当地货币,并即时提供收据、交易细则、支出类别等功能。例如,客户在英国当地消费,结算时就以英镑完成购买。

此卡由经过授权并受监管的电子货币机构 Paysafe 金融服务有限公司发行。虽然初期该卡只有英国的客户可以使用,但该公司表示 Coinbase 已计划对其他欧洲国家开放。

加密数字货币要想成为具备货币属性的真正货币,最大的困难就是如何在商品交易中使用。如果走不出这一步,那么比特币等加密数字货币只能充当跨地区转移货币财富的工具。如果能在普通民众一般交易中使用加密数字货币作为支付工具,那么加密数字货币将会迅速得以推广和普及。

数字加密货币是去中心化的,这就决定了它不可能像主权货币一样,由央行发行流通。采取储蓄性质的借记卡形式将加密数字货币应用到消费品交易中是最佳的选择。

美国主要加密货币交易所 Coinbase 推出的 Coinbase 卡,是推进数字加密货币向深层次发展的一个高招。这一招具有很重大的意义,或许为加密数字货币成为真正的货币寻找到了出路,对于数字加密货币来说意义非凡。

此外,Coinbase 卡还将进一步推高比特币的价格。随着像 Coinbase 这样的公司通过让用户以加密货币的形式来进行交易,比特币的价格走势也将获得进一步提振,将吸引更多的投资者投资比特币。

第三个事件是,国际货币基金组织(IMF)和世界银行推出了一项区块链教育项目,名为"学币"(Learning Coin),以加深对区块链和加密货币等新兴技术的理解。"学币"主要帮助两家国际机构的员工熟悉加密资产背后的分布式账本原理,以及类似于智能合约、增加透明度、反洗钱等应用。加密资产和分布式账本技术迅速发展,相关的信息也在爆发。这迫使中央银行、监管者和金融机构认识到立法者、执政者、经济学家和技术之间逐渐扩大的知识鸿沟。"学币"项目正是为了缩小这一差距而设立,从中可以看出 IMF 是头脑清醒的。

IMF 的"学币"项目非常及时和有远见,折射出 IMF 对区块链技术和加密数字货币的高度重视,也足以看出区块链技术和加密数字货币发展的大趋势是无人能够抗拒的,IMF 和世界银行不想在这个大趋势中落伍。

IMF 的一份调查数据也能说明问题。2019 年 4 月 10 日,IMF 在推特上发布了一项调查,向网友提问:"你认为未来 5 年间你会用什么支付午餐?"在近 4 万份投票中,56％的投票都投给了加密数字货币,超过了手机、银行卡和现金。希望这个数据会让投资者、监管机构、决策者等都早点醒悟。

移动支付十强城市折射出了什么?

2019 年 5 月 6 日,《中国移动支付发展报告(2019)》在福州第二届数字中国建设峰会上发布。报告显示,2018 年,中国移动支付总指数前十强城市为:上海、杭州、北京、武汉、重庆、天津、深圳、广州、温州、南京。从分类项看,北京的移动支付信息化基础指数排名第一,上海的移动支付商业消费指数排名第一,杭州的移动支付政务民生指数排名第一。

这份报告与国家网信办同日在第二届数字中国建设峰会上发布的《数字中国建设发展报告(2018年)》如出一辙,后一份报告显示,2018年数字中国建设中北京、广东、江苏、上海等地位居信息化发展评价指数前列。

为何是这些省份,又为何是这些城市?这些折射出什么呢?这些绝不仅仅是单纯的网民数字,更不仅仅是支付工具的问题。这些问题有必要回答与分析,从中发现一些深层次问题,给决策层,特别是给各个地区以提醒与启发。认识提高了,自觉性迸发出来了,对中国新经济新技术新金融发展大有裨益,从而促进中国经济的发展。

从报告看,中国移动支付发展水平呈现东高西低的阶梯状分布,一线城市领跑态势明显,移动支付十强城市集中分布在京津冀、长三角、珠三角三大经济区域内。在商业消费的带动下,其他城市发展势头强劲,有较大提升空间。

为何是京津冀、珠三角、长三角地区呢?说明移动支付已经成为一个城市竞争力强弱的体现,成为对第四次技术革命观念接受、消化和转变程度的体现。

移动支付普及程度的高低,直接关系着一个城市地区的经济发展情况。不要小看人们手掌心里小小的移动支付,它在促消费、普及现代科技、培养创新意识、便利服务百姓、推动经济发展和社会发展方面具有四两拨千斤的作用。

随着移动支付智能化的推进,移动支付必将如虎添翼,爆发出勃勃生机。我们应该站在经济新动力上看待数字经济,看待移动支付新金融工具。

转型中的中国经济正在苦苦寻找拉动经济的新动力。把创新作为新动力没有人有异议。不过,创新必须落实到具体行业领域产业和企业身上,而IT产业、数字经济、移动支付工具就是创新的产物,已经成为中国经济的新动力。这么多年来,如果不是中国新经济、新科技、新金融的快速发展,中国经济将会更加困难。

特别是在移动支付上,支付宝、微信支付团队不仅做出了技术创新,还发扬了水滴石穿的精神,在落实普及二维码支付上可谓下足了功夫和力气。

移动支付十强城市出炉背后,离不开一个不为人知的群体的辛勤付出,他们被称作"种二维码的人"。笔者一直纳闷,为何移动支付的二维码普及如此之快?原来虽然移动支付工具是线上的,但是在线下普及中涌现出了一批"种二维码的人",他们在线下向路边摊、小商户等推广支付宝收钱码。

据说支付宝有数十万这样的人。他们可能是在校学生、保安、小店老板、驾校老师等,但他们的另一份职业是"种二维码的人"。因为他们的助力,才让中国移动支付普及率全球最高,每10个人中就有8个使用手机付款。

移动支付十强城市折射出的并不仅仅是支付问题,其背后的动力是经济发展程度与后劲,是思想开放程度与活力,是新经济、新科技、新金融、新动力的持续力,是发达程度、综合素质以及实力。

第三章

传统金融机构地位岌岌可危

第一节
传统银行面临窘境

风起云涌的新经济新金融带来整个世界的大变革,使许多传统的东西在一夜之间迷失了方向。

在电子商务、智慧物流、共享经济、互联网、移动互联网、大数据、云计算、物联网、人工智能、传感技术、个性化定制、区块链技术、加密数字货币、互联网金融、金融科技、增强现实、虚拟现实、混合现实等以工业 4.0 为主要特征的新经济新金融业态下,传统的旧业态无一不被颠覆。

人工智能专家李开复预测,人工智能冲击的第一个行业将是金融行业。因为人工智能投入大、风险大、周期长、回报慢,如果能够寻找到见效快、投资立竿见影的行业,资本就会蜂拥而至,金融业就是这样一个行业。

而就金融行业来说,首先受到冲击的就是传统银行。

新金融对传统银行的冲击三部曲

现代科技发展日新月异,给各个行业都带来了革命性改变。其中受冲击最大的是金融业,特别是传统银行业。笔者分析,这种冲击大概分为三部曲:

第一,以互联网特别是移动互联网为特征的新经济引发的互联网金融业态对传统金融的浅层次的冲击。比如,移动支付手段的出现,各类互联网理财产品层出不穷,余额宝、现金贷等以移动互联网平台为基础的各种金融模式、产品等蜂拥而出,对传统金融特别是传统银行经营模式带来了一定的冲击。目前,这一部分冲击正在上演并一步步蚕食传统金融的蛋糕。

第二,大数据、云计算、人工智能等技术在金融业的渗透与应用,传统金融三分之二的地盘都会被彻底侵蚀掉,传统金融现有的80%的岗位都会被替代,包括金融分析师、股票分析师、各种理财师等。第二部曲的冲击的彻底与猛烈程度远远超过第一部曲,这种冲击一部分来自互联网金融,另外一部分来自金融科技的迅猛发展。人工智能将大踏步引入金融的所有领域,势不可挡,异常凶猛。

第三部曲带来的冲击最为猛烈也最为彻底,即区块链技术的发展。无论是中国最早的贝壳货币、钱庄,还是英国金匠铺奠定的金融银行雏形,金融从诞生那天起就是中介化、中心化的。在中介化、中心化这个主轴上逐步出现了货币、银行、证券、保险、基金、外汇、期货、贵金属市场等中介化、中心化的金融业态。这种中介化、中心化的金融产物上千年都没有动摇过,就连目前的互联网金融业态也都是在中心化、中介化的形态下产生的。

新技术的诞生正在彻底颠覆传统金融业,区块链技术在金融领域全面渗透和应用后,传统银行、证券、保险、基金、外汇、期货、贵金属市场等中介化金融业态及支付宝、微信支付等几乎所有的互联网金融业态都将被彻底淘汰与颠覆。

银行业 5 年内将有 30% 的岗位消失

人工智能、机器人、自动化、自然语言处理等现代科技都在迅猛发展,在给人类社会带来便利高效的生活、推动全要素生产率大幅提高的同时,一个残酷的现实已经摆在我们面前,那就是"机器吃人"的时代即将到来。

笔者此前一再强调,全球各大金融机构都在研发智能投资顾问,关于金融分析师将要失业的声音也沸沸扬扬。被誉为全球金牌金融分析师"摇篮"的 CFA 协会,已经敏锐地观察到了这一风向。CFA 与时俱进,已经准备将智能投顾(又称机器人理财)内容纳入 CFA 的考试课程之中。

智能投顾分析师研发出来后马上就可以投入使用,目前一些机构的智能投顾已经投入使用了,也已经招揽到了客户。金融业是高端服务业,金融分析师是高端中的高端,智能投顾的发展使金融分析师岗位都可以被取代,试想,还有什么岗位不会被人工智能代替呢?

金融领域人才成本最高，金融分析师最贵，稍有不满意还会辞职，流动性很大。资本投资智能投顾一次性成本或许很高，但长远来看是一劳永逸的。摩根大通、高盛、德银、花旗及日本投行都已经斥巨资投资智能投顾的研发，日本保险行业都已经开始投产使用，相应的裁员潮已经袭来了。

国际银行业内人士非常看好人工智能。美国花旗银行前首席执行官维克拉姆·潘迪特说，人工智能和机器人技术发展可能在今后 5 年间使 30％ 的银行业工作岗位消失。他说："人工智能、机器人和自然语言处理将使各种程序简化，这将改变后台运作。"

更早预言人工智能对银行岗位冲击的是德意志银行首席执行官约翰·克赖恩。2017 年 9 月上旬，他说："德意志银行大量员工将最终失业，因为技术发展将使他们被淘汰。"德意志银行雇用了大约 10 万名员工，他说："诸如会计，花费许多时间承担算盘的工作。在我们银行，有人像机器一样，做着机械的事情。明天，我们将拥有像人一样的机器。"

自 2018 年年底以来，已经有贝莱德、摩根士丹利、德银等多家金融机构主动公布或被曝出裁员消息。全球最大资管机构贝莱德计划裁员 500 人，占其员工总数的 3％，为该公司 2016 年以来最大规模的裁员。据《彭博商业周刊》报道，摩根士丹利解雇了数十名销售和交易人员，裁员涉及的部门包括固定收益、权益和研究。2018 年 11 月底，据《华尔街日报》报道，德银开始考虑新一轮裁员计划。而 2018 年早些时候，德银宣布计划减少 7000 多个工作岗位，以削减成本。

2017 年,世界经济论坛就曾出具数据表明,今后数年劳动力市场改变,将使大约 710 万个工作岗位消失。

那么,人工智能最早将取代哪些岗位呢?可能会是像机器一样工作的会计岗位、行政岗位,还有属于复杂劳动的金融分析师等。你的工作属于哪类?要提早做到心中有数了。

所有人都应该未雨绸缪,把握人工智能等科技的发展方向,把握岗位升级机会,提高自己,寻求多途径职业突破,才能以不变应万变。

巴菲特为何减持富国银行股票?

作为富国银行的忠实粉丝,巴菲特居然开始减持这家公司的股票了。

巴菲特是富国银行最大的股东之一。这家银行是他最喜欢的银行,1989年起他就开始投资这家银行。

2017 年 4 月 12 日,巴菲特旗下的伯克希尔·哈撒韦公司发出公告,在 4 月 10—12 日共计减持约 713 万股富国银行的股票,并计划继续减持富国银行股票约 187 万股,未来 60 个交易日内,将会降低富国银行持股比例至 10% 以下。2018 年第二季度,伯克希尔减持富国银行 450 万股,减持股份数量为第一季度减持规模 172 万股的 2.6 倍,持仓降至约 4.52 亿股,季末市值约 251亿美元。

巴菲特为什么突然开始减持富国银行了呢?伯克希尔在公告中解释称,

减持富国银行股份并非"出于投资或估值的考虑",而是为了将持股比例降至10%的监管门槛之下。

根据美国监管法规,如果一家公司或是投资者对一家银行持股超过10%,必须告知美联储和公众,监管机构将对相关投资进行审查。此举目的在于限制非金融企业与银行之间的联系。

在与美联储代表进行几个月的讨论过后,伯克希尔认为,如果持股比例高于10%,美联储的要求将极大地限制"我们与富国银行的商务活动"。因此,将所有权保持在10%以下将会"更简单"。

不过笔者认为,巴菲特减持富国银行股份并不是为了降低到监管红线以下那么简单,也不是在监管红线以下操作将会更简单,而是巴菲特投资战略的大转移、大调整。

巴菲特过去投资的可口可乐、富国银行等众多企业,站在现在的角度看都是传统产业,是即将落伍的行业,经营上处在衰退与不景气的位置。从投资上看,它们的回报率并不算高甚至还处于销售下滑的状况。比如可口可乐,业绩就在持续下滑,传统金融的富国银行不仅丑闻不断,而且经营也日薄西山。

如果巴菲特不调整其投资方向,仍然固守传统,那么已有成果就很快会丧失。如今的形式与21世纪初的网络科技泡沫破灭不可同日而语。那次,巴菲特或许押对了宝,也使巴菲特笃信自己不盲目投资网络科技股的决定。但从长期曲线看,在那次泡沫破灭中坚持活到现在的科技公司都已经赚得盆满钵满，引领潮流了。

当然，股神还是股神，虽然有一点点晚，但巴菲特的投资转型已经拉开帷幕。巴菲特已经开始增持科技股，并且开始投资智能珠宝了。巴菲特不沾科技股的思维早就开始转变了，2016 年以来，他就大幅度增持苹果股票。大量减持传统企业股票，拥抱互联网、移动互联网、人工智能等科技股票标志着巴菲特的投资开始转型。

减持富国银行股票不能说没有这方面的考量。2016 年 7 月，因富国银行的股票回购，伯克希尔公司对富国银行的持股达到 10％的门槛，向美联储提交申请，希望获准保持当前持股水平，并可能出于投资目的继续增持富国银行股份。但不到一年时间，伯克希尔却食言了。其实只要富国银行在投资潮头与风口，监管红线是挡不住巴菲特的，其中的关键还是金融科技挡住了巴菲特投资传统银行的脚步。

直截了当地说，金融的大势所趋是去中心化。去中心化的交易是一种技术变革，用户可以凭借授权码在平台上交易，交易发生在个体与个体之间，银行将不复存在。传统银行在去中心化金融科技转型中，往往反应迟钝，甚至故步自封。

这些年，商业银行经营步履维艰，每况愈下。但这还仅仅是开始，点对点直接融资的金融科技将使传统银行被边缘化。投资者怎么会不从不断传来的银行裁员中悟到什么呢？或许巴菲特投资团队已经先下手为强了。

传统银行站队互联网巨头形式大于内容

在新经济新金融新技术大潮下,知识更新的速度几乎是按月计算的,冷不丁就突然出现一个新东西,让人手足无措。最令人担心的是,大学的经济教育或已远远落后,在校园里学的东西已经过时,反而束缚了学生的创新思想。

就金融行业来说,第一个受到冲击的就是传统银行。从 2013 年余额宝诞生,即互联网金融元年开始,传统银行就已经开始走下坡路了。

传统银行要如何应对呢?笔者提出传统银行应该与大型互联网企业合作发展互联网金融。传统银行阵地是互联网线下,客户都在物理性网点;而互联网金融的阵地主要是在线上,特别是移动互联网线上。而全球所有行业都在往互联网上转移,这就决定了传统银行的地盘越来越小。

另一方面,互联网金融在本质上比传统金融高效,防范金融风险的能力更强。因为大型互联网公司拥有海量数据,互联网金融信用的挖掘正是依靠大数据。这些大数据,传统银行是没有的。因此,传统银行要想发展互联网新金融,实现转型,必须与大型互联网公司合作。

这几年来,互联网金融企业形势越来越好,传统银行越来越差,受到的冲击越来越大,还出现了互联网金融企业与传统银行针锋相对,矛盾越来越多的情况。传统银行竭力扼杀互联网金融的发展,试图遏制其对自己的威胁。

但情况却适得其反,新金融不仅没有被扼杀住,反而越来越好,越来越壮大了。在这种情况下,传统银行才开始笑脸相迎、寻求合作。

中国建设银行和蚂蚁金服展开合作,中国工商银行宣布与京东合作,中国农业银行宣布牵手百度金融,华夏银行将与腾讯集团签订战略合作协议……银行大佬们纷纷站队互联网巨擘,互联网金融一家亲的局面正在浮现。

由冤家对头到亲密合作伙伴,传统银行与互联网巨头的关系演变甚至可以改编成电视剧。

大型银行与互联网金融巨头纷纷联姻,这些姻缘的结局会怎样呢? 笔者并不看好。

第一,传统银行是国有独资或国有控股机制,与民营企业的大型互联网巨头,在体制上的碰撞与矛盾是不可调和的,这是制约因素之一。

第二,传统银行与互联网金融巨头们业务的同质化竞争同样无法调和,比如在移动支付市场,微信与支付宝的市场占有率为93%,其他所有银行以及金融机构占比仅为7%,而这块金融业务越来越重要,又是所有新业务的平台入口与数据积累。这就决定了,传统银行和互联网金融巨头们在移动支付市场上进行合作是不可能的。

第三,从商业银行获取的数据来看,与某一家互联网公司合作根本获取不了对挖掘客户信用状况有用的全部数据。从金融需要的数据看,阿里巴巴最具优势;对征信来说,既需要百度的搜索数据,又需要腾讯的社交数据,更需要阿里巴巴的电商交易数据。获取了全部这些数据,才是全面的征信数据,这才是大数据,传统银行只与其中一家公司合作,效果就将大打折扣。

因此,传统银行站队互联网巨头的做法是对互联网金融与金融科技的无知。当然,这也就决定了合作效果不会好。

传统银行站队互联网巨头是赶时髦,盲目冲风口,图个形式上的轰轰烈烈,起到宣传的轰动效果而已,是形式大于内容的。

传统银行向 AI 金融转型难度不在技术

传统银行向数字化、智能化、区块链技术转型是大势所趋,无法回避。这几条主线笔者一再强调:各项业务从线下向线上转移,PC 端向移动端转移不可逆转;过去门面最贵,现在流量最贵,未来"粉丝最贵"的趋势不可阻挡;金融征信过去是线下实地考察调查,目前已经进入以大数据、云计算等技术做支撑阶段,未来是人工智能和区块链技术主导;金融转型的路径是数字化金融—人工智能金融—区块链金融,这个路径已经凸显出来。

把握住以上几个大趋势至关重要。新科技网络、大数据云计算、AI 公司和区块链企业本身就在这个江湖里,同时这些新科技企业没有传统金融的理念包袱和窠臼,思想没有被禁锢。新科技企业从事金融科技,传统经验一片空白反而更好。传统银行向新金融转型难度更大,但必须转型,转型不仅是唯一出路,还必须加快速度。目前中国商业银行转型总体形势很好,各个商业银行的紧迫感已经形成,一些银行已经开始投入,开始成立机构进行新金融转型。

截至 2019 年 5 月底,中国已有兴业银行、平安银行、招商银行、光大银行、中国建设银行、民生银行、中国工商银行共 7 家上市银行成立了金融科技子公司。

其中,招商银行转型目标准确,手机银行正在赶超支付宝等成熟的新金融模式。让笔者最惊讶的是,招商银行正在采取 AI 技术获取用户信用状况,预防金融风险,深度开发智能投顾,并且吸引了中国一大批著名专家、意见领袖进驻招行 App 社区,通过专家、"大 V"等带动引流。招行 App 在"社区"栏目带动下,流量大增,知名度迅速蹿升。中国工商银行金融科技的转型步伐也非常快。2019 年 5 月 8 日,中国工商银行通过附属机构设立的工银科技有限公司在河北雄安新区正式挂牌开业。工行方面表示,未来还将成立"工银雄安数字金融实验室",服务雄安新区,建设数字雄安、智慧雄安。区块链金融、智能金融、智慧金融是工银科技的主要研发目标。

不过,大部分银行的金融科技子公司都脱胎于银行自身的 IT 部门,新晋银行系金融公司普遍缺少独立运营管理的理念和经验。怎样从一个部门变成独立公司,企业文化、组织架构、研发效能、交付体系建设如何转变,都将是银行系科技金融公司面临的挑战。

此外,与互联网公司相比,银行缺乏规模足够大、用户足够活跃的客户端产品,现有客户端数据也多是消费数据与信用数据。用户数据丰富度不足,使银行系科技金融公司在用户画像精准度上可能不及互联网系对手。

当然,银行面临的最主要问题还不在技术层面,而是在思想观念上。2016 年 6 月中旬,笔者在与阿里巴巴首席技术官王坚博士座谈时,他直言传统银行转型新金融很难,主要原因是银行的思维都在传统金融上,而新金融与传统金融并不是一种东西。在转型中,传统银行不自觉就会用传统金融思维来定位、设计新金融。如果传统金融机构没有平地起高楼、重起炉灶、破釜沉舟的决心,那么,转型就很难成功。

这让我想起了沃尔玛向线上转型的艰难。沃尔玛向线上转型投入最大、决心最大,但是至今都不算成功。这与传统金融的转型极为相似,困难不在技术,不在投入,而在思想观念上。沃尔玛转型中不由自主地用线下实体店的思维来思考线上问题,结果谬以千里。专家给沃尔玛开出的药方是:成立一个独立于现有实体店的全新线上公司,彻底撇开实体店思维运行。这对传统银行也有启发。

第二节
人工智能冲击传统岗位

　　科学创新与传统产业的结合正在释放无限魅力,尤其是"人工智能＋金融"这个主题备受关注。有人断言,在人工智能时代下,谁最先掌握了金融领域的人工智能技术,谁就有可能成为未来的金融赢家。

　　我们必须站在工业 4.0 角度来看待这场已经逼近的革命,对这场革命与前三次工业革命截然不同的内涵及结果,有一个非常清醒的认识。

　　第一次工业革命以蒸汽机的发明为标志,主要解放的是劳动力;第二次工业革命以电力发明及其应用为特征,大大提高了劳动生产力,照亮了整个社会经济;第三次工业革命以计算机、互联网等 IT 技术发展为标志,解放了脑力,加速了信息资讯的传递。我们可以看出前三次工业革命行业领域的针对性非常强,革命与颠覆的经济领域目标非常突出,跨界性、整体性、全行业性冲击并不大。然而,第四次工业革命就完全不同了。

　　人工智能机器人夺取人类就业岗位的问题,一直在激烈的讨论中。多数人都认同人工智能对人类就业岗位冲击很大,各个行业都会失去大量工作岗位,被人工智能等科技自动化代替。但也有少数观点认为,新技术的发展或许会创造更多的就业岗位。

人工智能金融人才争夺战已经打响

2016 年,AlphaGo 与韩国棋手李世石的对弈拉开了人工智能与人类之间的大战;2017 年 5 月,在中国乌镇的 AlphaGo 与中国棋手柯洁的决战把人工智能与人类的大战推到了一个顶峰。这场对决最终以 AlphaGo 全胜收场。赛后,柯洁泪洒棋场与发布会,让无数人为之动容,但 AlphaGo 既没有胜利的拥抱与喜悦,也没有对"失败者"的丝毫同情,这就是机器与人类的根本不同。

实际上,人机大战不仅是机器在围棋上战胜人类那么简单,这可能只是拉开了机器与人类大战的序幕,接下来机器战胜人类的领域将会越来越多,人类的任何一员都可能被机器"灭掉"。

在这里我想问:企业、公司准备好了吗？作为个体,你该如何应对？

毫无疑问,首先应该赶快占领人工智能的制高点,抓住人工智能这块最大的财富蛋糕。

在推测下一个被人工智能入侵的行业时,人们不约而同地把目光转向金融领域。近年来,世界金融巨头们加快了人工智能研发,不断有项目进入实施阶段。

2017 年,华尔街 12 家顶级投行中,股票、固收和投行的雇用人数下滑了 3%,减少了 1900 人。2018 年,全球 12 家最大的投资银行至少连续 5 年削减了前台员工人数。2012 年以来,华尔街累计削减了 12700 名员工。这是来自 Coalition 数据分析公司的数据,统计对象包括了美银美林、巴克莱、法巴银行、花旗、瑞信、德银、高盛、汇丰、摩根大通、摩根士丹利、法国兴业银行和瑞银 12 家投行。

这些员工被削减,与机器人脱不了干系。

美国纽约梅隆银行在 2016 年到 2017 年投放了超过 220 名的"机器人军团";2018 年,全球最大的资管机构贝莱德计划裁员 500 人,占其员工总数的 3%,为该公司 2016 年来最大规模的裁员。

金融行业的员工到了应该思考自己的岗位与饭碗的时候了。一方面,金融行业被机器人冲击得饭碗不保;另一方面,金融机构对数理计算科学顶尖人才的争夺战已经硝烟四起。

从投行、对冲基金到科技公司,对所有的企业来说,数据科学家都是香饽饽。数据科学家们可以从社交媒体上的图片发掘消费需求,也可以为金融市场建模,做出最佳的投资判断。

全球数据科学家实力最强的谷歌也在从世界各地搜罗数据科学家。正如笔者在中央网信办、中国互联网发展基金会及中国经济网联合举办的金融信息发展峰会上谈到的观点:未来的关键在于对数据的计算能力,而数据人才是关键中的关键。

值得欣喜的是,中国几大新经济新科技巨头在争夺数据人才上与谷歌、苹果、脸书相比毫不示弱。阿里巴巴、腾讯都在招揽数据科学家上不惜重金。2017 年 5 月 27 日,AlphaGo 们的祖师爷迈克尔·I. 乔丹(Michael I. Jordan)正式加盟蚂蚁金服,他的新头衔是蚂蚁金服科学智囊团主席,这是中国科技公司邀请到的"最强外脑"。

据说迈克尔·I. 乔丹是加入百度的斯坦福教授吴恩达(现已离职)的老师。吴恩达早在 2011 年就加入谷歌,创立了谷歌的深度神经网络技术团队。这对师徒先后与中国产生交集——吴恩达刚离开百度,他的老师就加盟了蚂蚁金服,也恰恰说明中国科技巨头正在为 AI 技术做最雄厚的基础储备。

可惜的是,中国国有或国有控股的大型金融企业至今仍然无动于衷。面对人工智能对金融行业的侵袭,国有金融业的反应太迟钝了。照这个状况下去,传统银行离过时不远了。

未来金融机构员工多数是科技人员

以移动互联网、大数据、云计算、人工智能、物联网、传感技术、区块链技术等为技术特征的第四次工业革命,不仅将对工业带来改造与冲击,而且对所有行业都将带来颠覆。

众多专家都认为以人工智能、移动互联网、区块链技术等为核心的第四次工业革命，将首先对金融业造成冲击。

中国率先领教了这种冲击。在被称为互联网金融元年的2013年，传统金融业被吓出一身冷汗。互联网金融对传统金融的冲击是全方位的，包括存款的负债业务，贷款的资产业务，以及理财产品等中间业务，特别是在支付结算领域。

传统金融要面临的更大冲击是金融科技。从浅层次分析，主要是以人工智能为主的智能金融，包括智能投顾、智能自助设备等；深入一点就是以区块链技术为主的去中心化数字货币对整个中心化、中介化的金融机构的颠覆。

金融科技扑面而来，对传统金融的机构与人力资源配置都提出了新要求、新挑战，金融同业竞争也发生了彻底的变化。

如何变化呢？对此，腾讯投资管理合伙人李朝晖表示："金融的未来是技术的竞争，未来到底用什么来进行交易？我们可以预想，未来很有可能在这样的特定市场里，就是几个最强有力的金融战场，高盛是一家、Google是一家、富达是一家，它们有成千上万的工程师、成千上万的算法科学家、成千上万的服务器，它们可能使用量子计算机进行计算，不说秒杀一般的小散，秒杀一般的金融机构也是非常正常的。"

笔者大胆预言，如果传统银行不转型，未来15年内传统金融或将变为文物化石。仅从人员结构上看，未来的金融机构员工多数都将是科技人员，也就是说目前的很多传统银行的员工都将失去工作。

中国已经有了这样的银行,那就是前海微众银行与浙江网商银行。2019年4月30日,浙江网商银行发布了2018年年报。该年报显示,截至2018年年末,网商银行累计服务小微企业和小微经营者客户1227万户,户均余额2.6万元。另外,网商银行已连续两年为小微企业下调贷款利息,2017年,利率下降了1个百分点。2018年,在上一年的基础上,小微企业的贷款利率再次下降了1.2个百分点。不得不提的是,浙江网商银行成立之初共有300名员工,其中250名都是技术人员。

2019年5月10日,微众银行也发布了2018年年报,2018年微众银行资产规模达到2200亿元;营业收入突破百亿元,达到100.3亿元;年末有效客户超过1亿人,覆盖了31个省、自治区、直辖市。年报还显示,2018年微众银行新成立了分布式商业科技和人工智能两个单元,尝试探索基于区块链(Blockchain)和人工智能(AI)的"未来银行生态"。金融的未来是科技的竞争,仅从人力结构上看就已经非常清晰了。

从思想观念上看,笔者非常同意香港金融数据技术有限公司(FDT)创始人兼CEO聂凡淇的观点:"金融业面临的最大的挑战,首先是金融机构的心态,够不够去拥抱新科技,你如果没有这个心态做这个事,你会很快被领头羊甩得很远,不管是证券公司、银行,如果没有这个心态,肯定要被市场淘汰。"

CFA 将加密货币和区块链列入考试内容

CFA 是"特许金融分析师"(Chartered Financial Analyst)的英文简称,它是证券投资与管理界的一种职业资格称号,由美国特许金融分析师学院(ICFA)发起成立,是全球投资业里最为严格、含金量最高的资格认证,是被称为金融第一考的考试,为全球投资业在道德操守、专业标准及知识体系等方面设立了规范与标准。自 1962 年设立 CFA 课程以来,为投资知识、准则及道德设立了全球性的标准,得到了广泛的认知与认可。《金融时报》杂志于 2006年将 CFA 专业资格比喻成投资专才的"黄金标准"。

笔者在 20 世纪 90 年代初期几次跃跃欲试想参加该考试,但因为蹩脚的英语最终未能如愿。20 世纪 90 年代末期,朱镕基总理在会见新加坡金融界人士时,羡慕新加坡有 200 多名获得 CFA 资格的人员,而当时在整个中国,这样的人才寥寥无几。

颇具戏剧性的是,新科技新金融的发展,不仅给传统金融带来了空前的挑战,也给 CFA 带来了空前的挑战。

现在的 CFA 也经受不住新科技新金融的挑战与颠覆,特别是随着金融科技的迅速发展,智能投资顾问、智能算法在金融分析中得以应用,量化技术也在证券市场被推广。谁也没有想到金融科技竟然率先颠覆了金融业最高端的金融股票市场分析师领域。包括 CFA 在内的人工分析师所面临的问题,不是金饭碗变为铁饭碗、木饭碗的问题,而是饭碗要被智能投顾彻底砸烂的问题。

不客气地说,人工智能投顾给 CFA 的冲击仅仅是第一步,更大的冲击还在后面,那就是区块链。CFA 本质上是传统金融的产物,传统金融又是中心化的产物。而区块链技术的第一大特质就是去中心化。区块链技术要颠覆所有中心化产物,包括 CFA。在金融科技阶段,人工智能投资顾问要砸了 CFA 的饭碗;而发展到区块链金融阶段,区块链技术会让分析师这个职业消失。

CFA 协会在 2019 年的 I、II 级考试中加入了加密货币和区块链科目,包括金融科技(FinTech)、人工智能、机器学习、大数据和自动化交易。根据协会通知,上述新增的考试内容将涉及金融科技主题,诸如虚拟货币如何与经济学产生交叉之类的额外内容可能在将来进入考试范围。

可以说 CFA 是与时俱进的,用 CFA 协会负责通识教育与课程的董事总经理斯蒂芬 · 霍兰(Stephen Horan)的话说:这不是一时跟风。我们看到,这个领域的发展要比其他领域快得多,而且我们也看到它越来越持续地发展着。

2018 年就已经传出 CFA 考试将加入人工智能投资顾问及量化交易内容的消息。CFA 的革新有与时俱进的成分,但主要还是自保自救。不过,我们还是要给 CFA 的危机感点赞。

通过加入大数据分析、人工智能、机器学习与演算法证券交易及加密货币、区块链技术等考试内容,起码能让学员们较早了解这些新金融科技的基本原理,学会运用最好,就算是有一个先人一步的应对心理准备也是收获。

CFA 加入金融科技、人工智能、机器学习、大数据和自动化交易、虚拟货币和区块链技术等考试内容,对所有领域的启发是,目前几乎所有学校、培训、资格考试的内容在新经济新技术新金融面前都落伍了,是在浪费时间,甚至反而禁锢住了思想,形成了一个思维定式。对此,所有人都应该引起重视,笔者绝不是危言耸听。

第三节
人工智能重新定义金融创新

　　人工智能正在全球迅猛发展。美国高盛斥资百亿美元投入人工智能技术研究;2017 年摩根大通投资了 90 亿美元用于人工智能研发;汇丰银行在人脸识别、区块链技术方面投入了 24 亿美元;经营上四面楚歌的德意志银行早就投入人工智能研发了;日本的保险公司也在 2017 年年初让人工智能全面替代理赔岗位员工。

　　人工智能金融分析师已经进入应用"生产"层面,时不时传来金融分析师岗位被人工智能机器分析师"吃掉"的消息。往后,人工智能金融对传统金融的颠覆性是多层面的。人工智能金融将会使金融低下高贵的头颅来服务大众,使金融彻底变得普惠,一些长尾客户在过去很难享受到金融服务,以后也能享受到高端金融服务了。如美国高盛,2016 年之前的服务门槛是在 1000 万美元以上,现在也为资金低于 100 万美元的用户服务,因为这些服务可以全部用机器人来完成。

没有信贷员的网商银行

金融供给侧改革给金融改革提出了一个非常迫切的课题。从一定程度上说,金融供给侧存在的问题不亚于其他任何领域,表现在供给侧金融资源配置严重失衡,贷款等金融供给渠道投向大型企业、上市公司、垄断性行业的资金较多,而配置给中小微企业的资金较少,直接导致中小微、个体户面临着融资难、融资贵问题。这些问题,说到底是金融供给侧结构出现了问题,深化金融供给侧改革刻不容缓。

2019 年,新闻显示网商银行服务小微最多、利润最少,这让笔者开始思考金融供给侧改革背后银行的社会责任,金融供给侧改革必须抓准着力点。

让体制内金融机构或者大型金融国企去解决中小微企业融资难、融资贵的问题,一直都收效甚微。大型金融机构、国有银行与生俱来就有自己的业务定位,其主要支持对象是央企、国有企业、上市公司、垄断性行业,即贷长、贷大、贷垄断。政策大包大揽地让其支持中小微企业发展,要么效果不好,要么弄出一堆不良贷款,这两种结果都已经屡见不鲜。

怎么办? 大力支持金融科技包括金融科技银行、金融科技机构、智能银行、以区块链技术为基础的金融机构,是支持民营企业特别是中小微企业、个体户金融需求最高效、最快捷、最有效的措施。

金融科技、智能金融依托互联网、移动互联网,从诞生那天起就是为草根服务的,天然地就是普惠金融。同时,其依靠大数据、云计算、人工智能、区块链技术等创新的新金融业态,成功解决了金融信用问题。

中国在这方面的实践显示出了可喜的成果,2019 年全国"两会"上也释放出了可喜的讯息。

央广网报道,2019 年 3 月 5 日,全国"两会"的"部长通道"上,中国银行保险监督管理委员会主席郭树清表示,银行业在利用大数据降低不良贷款率方面做了很多探索,有的将不良贷款率控制在了 1% 左右。网商银行等贷款做得很不错,不良贷款率比较低。他直言要在大中小银行里面普及大数据。

全国政协委员刘尚希认为,发展金融科技,是解决信息不对称,让风险可控的好途径。他夸赞说,网商银行的"310"信贷模式不仅代表了一种新的技术手段,还是一种新的模式——平台式的金融机构,就是零人工干预,没有分支机构,没有线下网点,不需要信贷员。

2015 年 6 月,网商银行在杭州开业时笔者在场,并与网商银行副行长进行了一对一座谈。当时,给笔者印象最深的有三点:一是网商银行前身的阿里小贷不良贷款率不到 1%,并且全部无人工介入,完全由大数据操控放贷;二是当时网商银行员工只有不到 300 人,有 80% 是科技人员;三是网商银行只支持小微、个体户的贷款需求,不支持其他融资。

当时笔者还怀疑网商银行能否做到,能否不忘初心,坚持始终如一,2019年全国"两会"后,笔者又做了实际了解与调查。数据显示,成立 3 年多以来,网商银行为全国 1500 万家小微企业提供了贷款,不良贷款率控制在 1% 左右。2018年,网商银行为小微经营者提供了超过1万亿元的资金支持,其中96％发放给了贷款金额在100万元以下的小微经营者。

银行作为金融服务业,其利润来自于实体企业。如果银行拿得多、利润高,那么实体企业必然拿得少、利润低。大型银行动辄每年几千亿元利润,难怪实体企业抱怨说,干了一年,钱都交给银行了。

然而,网商银行给了我们一个惊喜。网商银行2017年的净利润只有4亿元人民币,在这种情况下,2018年,网商银行给小微企业的贷款利率再次下调1个点,真正做到了让利实体经济。

2019年,网商银行高管在接受媒体采访时再次表示:"希望未来3年内,能让中国所有的个体户、路边摊都贷到款。"

OakNorth成欧洲估值最高的金融科技独角兽

日本软银在孙正义的带领下,已经投资了将近200家高科技公司。在全球互联网、移动互联网、大数据、云计算、人工智能、物联网、加密数字货币、区块链技术等领域都有软银投资的身影。

在金融科技行业,软银瞄准了一家公司并投资了4.4亿美元。这家公司就是OakNorth,这是一家英国数字银行,为中小型公司提供商业和房地产贷款。

2015年9月才开始营业的OakNorth,2016年下半年便接连获得一笔

1.54 亿英镑(约合 13.5 亿元人民币)的投资和一笔 9000 万英镑(约合 7.9 亿元人民币)的投资。凭借后一项投资,新加坡主权财富基金 GIC 获得 10％的占股。到 2018 年,仅仅 3 年时间,OakNorth 就获得了三笔大额资金。这究竟是何方神仙?

2015 年 9 月创立的 OakNorth,仅用一年时间就实现了盈利,并且以最快的速度在英国及整个欧洲金融技术行业内实现了独角兽级的企业估值。不靠显要的大客户,OakNorth 的特色是专门针对中小企业发放贷款。

金融的本质是信用,数字银行真正考验的是信用贷款业务,经得起信用业务的考验才是真正的金融,才是真正的银行。数字化金融真正的考验是大数据、云计算和 AI 技术能否在信用业务中占据绝对优势。

OakNorth 的核心优势是它高效的信贷评估处理流程。传统银行通常要花上至少 6 个月的时间来决定是否发放贷款,如果同意放贷,则要花上更久的时间来执行,这对于增长极为迅速的公司来说是很难接受的。相比之下,OakNorth 只要花几周的时间便能给出是否提供借贷的回复,有时甚至只需几天。从第一次咨询到第一笔贷款发放,总共只需要 3 周的时间。面对客户的咨询,OakNorth 通常在几小时之内就能回复,还会邀请客户和信贷委员会,也就是那些决定能否发放贷款的人见面,面对面沟通贷款需求。

OakNorth 有这么快的放贷速度是因为它采用了云技术。2016 年 5 月,OakNorth 成为英国第一家基于云技术的银行,它使用亚马逊的云服务(AWS)。

OakNorth 的核心系统通过虚拟专有云(VPC)实现全面托管,这是 AWS 上的一项高度安全的服务,让这家银行及其客户能够完全隔离和完全控制自己的环境。AWS 拥有一整套现成工具,让客户能够在短短几分钟内就为本公司搭建起核心技术系统。具体就金融行业而言,AWS 满足诸多关键的标准,比如 ISO 27001——这是处理支付卡资料方面的认可证书。

自建立云银行系统以来,对 OakNorth 来说最大的变化就是"完全整合的登录系统",这个系统涉及从客户签约到信贷审批的整个过程。数字银行扎入云端是非常明智的,也必须扎入云端,才能为云计算和 AI 提供基础。

只要客户提供 OakNorth 需要的全部信息,这家银行就能迅速做出决定,因为一切都存储在其数据网络中。这与网商银行的"310"贷款模式基本一样——通过大数据计算技术汇总形成了 10 万项以上的指标,创建了 100 多种预测模型和 3000 多项策略,实现了小企业的 3 分钟申请、1 秒钟放贷、零人工介入,让小企业能和时间抢商机。

得益于 IT 系统上的云托管,并且没有线下实体营业厅,OakNorth 相较传统银行大幅降低了运营成本,并把省下的成本转化成有竞争力的利率给到储蓄客户。这也是其能在一年之内就实现盈利的主要原因。

同时,OakNorth 基于人工智能技术的贷款平台可为客户信贷提供优化方式,Acorns(智能投顾平台)的数据科学家会不断训练机器学习的算法,确保平台不断优化提升信贷决策流程。

OakNorth 正与多家美国银行谈判,在对方的系统中引入 Acorn 智能平台,这将会是 OakNorth 未来主要的增长点。

以 AI、云计算等技术为核心的数字银行完全可以推广到所有银行、保险公司和各类金融公司里。

香港特区发出多张虚拟银行牌照

香港的危机在哪里呢?其最大的危机在于其金融中心地位受到挑战。香港是排在世界前列的国际金融中心,而这几年业界明显感到香港的国际金融地位在不断弱化,这其中有什么原因呢?

因为香港作为国际金融中心的主要业务场景是线下的,伦敦、纽约、新加坡、苏黎世等国际金融中心的业务也都是线下的。经济决定金融,有什么样的经济就需要什么样的金融。在线下经济蓬勃发展时,就需要香港这样的国际金融中心为之服务。

斗转星移,进入 21 世纪以后,互联网线上经济爆炸式发展,全球线下经济向线上快速转移。然而,包括香港在内的传统国际金融中心都没有紧跟潮流,所以逐渐落伍了。试想,许多金融业务和服务都在互联网线上处理了,传统国际金融中心还在那里苦苦等待落地,这怎么行呢?

危机来了怎么办?新加坡监管局反应迅速,大力引入支付宝等移动支付服务,斥巨资研究 AI 金融和区块链金融,目前进展顺利。新加坡已经誓言要快速赶上新金融步伐,保住国际金融中心地位,重塑国际金融中心内涵,拥抱智能金融等新金融大势。

香港人也已经清醒过来，从制度建设、法治建设破题，大力发展新金融、线上金融，卸下传统国际金融中心地位的包袱，轻装上阵拥抱智慧金融。

在此背景下，香港特区快速行动，凸显了香港拥抱 AI 智慧金融的决心：

2017 年 9 月，香港提出"智慧银行新纪元"的目标，并推出七大举措协助银行业把握金融与科技结合的巨大机遇，其中"虚拟银行"排第一。

2018 年 5 月，《虚拟银行的认可》指引修订本公布，放开对申请者金融资质的限制，允许科技公司等非金融机构参与申请，并预计在 2018 年 8 月底前完成首批申请资料的提交。

2019 年 1 月，相关监管人士表示，已在首批提交的约 20 份申请中选出了约三分之一进入下一轮甄选，虚拟银行牌照预计在 2019 年第一季度正式发放。

2019 年 1 月 14 日，林郑月娥在亚洲金融论坛上明确表示，虚拟银行的落地实施"将会促进和激发更多的创业激情和价值"。

2019 年 3 月，首批虚拟银行牌照正式落地。

2019 年 3 月 27 日，香港金融管理局（以下简称"金管局"）宣布，金融管理专员已根据《银行业条例》向 Livi VB Limited、SC Digital Solutions Limited 及众安虚拟金融有限公司授予银行牌照以经营虚拟银行，允许上述 3 家公司在香港本地为消费者提供一系列广泛而崭新的线上金融服务。该牌照于 3 月 27 日生效。2019 年 4 月 10 日，香港金管局向 Welab Digital Limited（WDL）

授予银行牌照以经营虚拟银行。

2019 年 5 月 9 日,香港金管局再次宣布,金融管理专员已经根据《银行业条例》向蚂蚁商家服务(香港)有限公司、贻丰有限公司、洞见金融科技有限公司及平安壹账通有限公司授予银行牌照以经营虚拟银行,牌照当日生效。根据已经获发牌照银行的业务计划,它们的服务预期可于约 6 至 9 个月内正式推出。

也就是说,自 2019 年 3 月首发香港虚拟银行牌照以来,目前已有 Livi VB Limited、SC Digital Solutions Limited、众安虚拟金融有限公司、Welab Digital Limited、蚂蚁商家服务(香港)有限公司、贻丰有限公司、洞见金融科技有限公司、平安壹账通有限公司共 8 家公司获牌。

获牌后,蚂蚁金服方面表示,今后将会和香港各界更紧密地合作,共同推动金融科技和普惠金融在香港的发展,用科技为香港的消费者和小微企业带来更多平等的发展机会。

据了解,蚂蚁金服目前已在香港落地了 2 个"支付宝"。一方面,内地游客通过支付宝 App 几乎可以不带钱包游香港;另一方面,平均每 3 个香港人就有一个在用港版支付宝"AlipayHK"。

这仅仅是香港智慧银行新纪元打响的头炮。笔者联想到了早在 2017 年,美国一些州就已将互联网金融、智慧银行纳入牌照管理,这一方面促进了智慧金融的发展,另一方面又制定了相应的监管制度,防止盲目发展,制造风险。

美国、我国香港地区审理银行牌照都是比较宽松的。因此,香港金管局也表示,会密切监察虚拟银行开业后的运作,包括客户对虚拟银行透过新模式提供金融服务的反应,以及虚拟银行是否会为银行业界带来影响。金管局预期需在第一家虚拟银行推出服务后一年左右,才可以对以上情况做出较全面的评估。

香港金管局的做法旨在促进 AI 智慧金融的良性发展,紧紧把握住新金融时代。

汇丰区块链完成 2500 亿美元外汇交易的启示

新金融诞生以后,对传统金融特别是银行的冲击一浪高过一浪。以 AI 为核心技术的金融科技诞生,让传统金融的金饭碗——金融股票分析师的危机感大增。大数据、云计算在金融信用里的应用,让传统征信系统落伍,并且大幅度提升了金融风险控制的能力与效率。

新金融对传统银行的冲击仍然在升级,在金融领域应用区块链技术已经有成功案例了。

2019 年 1 月 14 日,汇丰银行表示,2018 年 2 月以来,汇丰银行在超过 15 万笔支付中应用了区块链技术,交易量超过 300 万笔,通过区块链技术交易了 2500 亿美元。虽然汇丰表示通过区块链技术完成的交易只是"一小部分",但却是一个良好开端。

作为一个新经济新金融的研究者,笔者一直在持续观察区块链等新金融的动向。汇丰银行作为传统银行里最早拥抱新金融的银行,走在了其他银行的前列。汇丰一直是区块链应用的积极尝试者,2018 年 5 月,汇丰完成了全球首笔基于区块链技术的贸易金融服务,当时该行提到,传统交易需要 5～10天,而基于区块链的交易在 24 小时内就能完成。2018 年 11 月,汇丰还参与了区块链初创公司 Axoni 的 B 轮投资。

汇丰银行在区块链金融上的实践证明,面对新金融一浪又一浪的冲击,传统金融机构必须捷足先登,超越自身传统金融羁绊与束缚,直接对接新金融,正如汇丰银行直接研发实践区块链金融一样。

在所有新金融对传统金融的冲击中,区块链的冲击最彻底。其他新金融模式都没有脱离金融中心化、中间化、中介化这一模式。而区块链技术去中心化、分布式账本、全员信用背书的三大特点,都直接冲击了传统银行所有业务职能体系。可以说,区块链金融一旦普及开来,将把传统金融边缘化。

作为虚拟货币的底层技术,区块链在虚拟货币以外的其他应用相对有限,汇丰的实践进一步推广了区块链技术在主流场景中的应用。

值得欣喜的是,有报道说中国农业银行早在 2017 年 8 月就基于趣链科技的底层区块链平台,在总行上线了基于区块链的涉农互联网电商融资系统,并于 2017 年 8 月 1 日成功完成首笔线上订单支付贷款。这是国内银行业首次将区块链技术应用于电商供应链金融领域。

当然,目前银行在区块链技术应用上基本处在内部业务板块测试阶段,距离真正的区块链技术实践还有一定距离。

汇丰银行明确表示，在银行内部成功应用后，下一步将探索这项技术如何协助跨国客户（汇丰有多个资金管理中心和跨境供应链）更好地在组织内部管理外汇资金流，最终应用到负债结算、资产外汇、证券期货等所有业务领域。

传统银行向区块链金融进发的主要难点在于高昂的系统成本、监管前景的不确定性及对现存机制的巨大冲击。但这些困难都是可以克服的，创新的关键在于思想观念的转变、认识的提高、对新金融冲击的预见性与应对上的紧迫感。

香港特区推出区块链贸易融资平台

2018 年 8 月，香港金管局上线了区块链贸易融资平台，将包括汇丰和渣打在内的 21 家银行连接起来。该平台由中国平安集团设计，将成为政府主导的首批旨在升级 9 万亿美元全球贸易融资行业的重要项目之一。

2013 年互联网金融元年以后，新金融在质疑声、监管步步紧逼、传统金融强势话语权等威胁下逆势前行。互联网金融—金融科技—人工智能金融—区块链金融已经展现出势不可挡的发展态势。这种趋势带来的颠覆性冲击，使监管机构与监管人员的观念变得落伍，使辛辛苦苦在学校里积累的知识竟然成为束缚对新金融认识的思想羁绊。

从地区来看,过去传统的国际金融中心优势在弱化。除了纽约,伦敦、香港、新加坡的国际金融中心地位都已经没有过去那样耀眼夺目了。这是互联网特别是移动互联网、大数据、云计算、人工智能和以区块链技术为核心的新技术革命,对物理实体区位优势金融中心的颠覆。

传统国际金融中心与传统银行应如何应对新金融的冲击?在互联网金融阶段与金融科技阶段,传统银行赶超难度很大,在区块链技术上,至少从目前看来双方还在同一个起跑线上。这就是笔者期待香港金管局与银行合作进行区块链贸易融资取得成功的原因。

香港金管局的区块链支持的贸易融资平台的基本特点是:分布式账本,不使用中央清算流程,而是使用数千个单独的计算节点来验证交易,这让它几乎不可能被黑客攻击。该技术有望通过削减处理交易所需的文书和人力来改变贸易融资行业,它还可以将一些交易所需的时间从两周缩短到一天。在新的贸易融资平台上,欺诈也更容易被发现。公司经常要求银行提供超过贸易所需的资金,一旦区块链中记录了一笔贸易,各方都能够查看该贸易必需的资金水平,从而使公司获得多余资金变得不那么容易。

在去中心化的平台上,中心化的机构不再起决定性作用,这才是金融配置效率提高的根本原因。

市场经济相比计划经济最大的优势就是资源配置效率高,不过,市场经济中大量的中心化、中介化、中间化的东西涌现,使市场经济配置效率大大降低。去中心化的区块链技术诞生得正是时候。

在政府支持的贸易融资平台中,香港金融管理局的项目将是最早上线的项目之一。衷心希望香港金管局的区块链贸易融资平台帮助传统银行实现跨越式转型。

软银在印度布局 AI 金融业务

虽然软银负债率高企,但并没有阻碍孙正义不遗余力地投资高科技新金融的步伐。2018 年 7 月 23 日,彭博社援引知情人士消息称,软银集团将于 2018 年年底和印度初创公司 Paytm 合作,在日本启动移动数字支付业务,未来这一服务将广泛使用人工智能技术。

在此之前,软银已对 Paytm 进行了多轮投资,成为后者的主要股东之一。2017 年 5 月,软银向 Paytm 投资 14 亿美元,这也是印度科技公司获得的最大一笔来自单一股东的投资。2018 年 4 月,软银集团又对 Paytm 投资 4 亿美元,使后者的估值达到 19 亿美元。印度公司注册处收到的一份文件(以下简称《文件》)显示,软银集团旗下部门将在此次投资后持有 Paytm 21.1% 的股份。

Paytm 是 One97 公司在 2010 年推出的一家电子商务网站,总部位于印度诺伊达。这家公司后劲十足,已经接受来自阿里巴巴、软银等国际大资本的投资。

印度是全球仅次于中国的第二大人口国,发展电子商务的前景广阔。同时,其必须同时成立支付机构,才能保证网购交易的顺利发展。

Paytm 就是做移动支付起家的。最初,Paytm 以手机充值、在线支付业务为主,之后与印度国内几乎所有移动运营商均有合作,业务覆盖手机充值、卫星直播电视付费、数据卡支付、手机付费、座机付费、在线购物等各方面。此外,Paytm 还与各种收款机构在能源账单方面的支付有合作。目前,该平台已经发展为印度最大的移动支付平台,下载量超过在当地占主导地位的电商网站亚马逊。

软银与 Paytm 合作并将其引入日本需要直面的一个问题是,它们将与支付宝展开面对面的竞争。支付宝正在大踏步进军日本,从 2017 年 6 月起,支付宝在日本动作颇多,不仅在日本肯德基全面接入支付宝,还在 2018 年春季推出手机支付服务,号称要在 3 年内赢得 1000 万日本用户。

软银是阿里巴巴的大股东,孙正义葫芦里卖的究竟是什么药?难道是为了报 8 年前的一箭之仇?

2011 年 6 月中旬,阿里巴巴将支付宝的所有权转让给马云控股的另一家中国内资公司。这一转让让雅虎心有不甘,作为阿里巴巴的另一大股东,软银的孙正义对此则没有公开表态。但社会舆论就此事发出的质疑声不少,阿里巴巴割离支付宝的目的在于获取中国央行的金融支付牌照,而获得支付牌照要求支付宝必须由中国境内单一股东持有。

当时,虽然孙正义没有表态,但他是否一直憋着一肚子气,因此要借助 Paytm 进军日本移动支付市场,不惜与支付宝正面交锋呢?

当然，这个想法是臆测。孙正义与马云、软银与支付宝，打断骨头还连着筋呢。

首先，支付宝脱离阿里巴巴集团后，已经给雅虎与软银承诺了超值回报：2011 年 7 月 29 日，阿里巴巴集团、雅虎和软银，就支付宝股权转让正式签署协议，支付宝的控股公司承诺在上市时予以阿里巴巴集团一次性的现金回报，回报额为支付宝上市时总市值的 37.5％（以 IPO 价为准），回报额不低于 20 亿美元且不超过 60 亿美元。

其次，软银曾经拥有阿里巴巴超过 35％的股份，几次套现之后，仍然拥有 29.6％的股份，是阿里巴巴最大的股东，其撕破脸与支付宝展开竞争的可能性不大。

最后，软银与阿里巴巴都是 Paytm 的大股东。软银集团旗下部门持有 Paytm 股份达 21.1％。而早在 2015 年 9 月，阿里巴巴与蚂蚁金服就领投 Paytm 公司 6.8 亿美元的融资，同时拥有 Paytm 母公司 One97 约 41％的股份。之后，阿里巴巴又多次投资 Paytm，但随着软银的进入，阿里巴巴的持股比例在持续下降。《文件》显示，2018 年 4 月，软银对 Paytm 进行投资后，阿里巴巴持股比例就只略高于 30％。然而无论如何，阿里巴巴、软银、Paytm 三者都是"一家人"。因此，在日本，Paytm 与支付宝很可能不是为了竞争。

2018 年 6 月，日经中文网报道，日本 USEN-NEXT 控股将在日本的餐饮店和酒店引进支付宝和微信支付，与中国大型结算终端企业拉卡拉合作，推动希望抓住中国游客需求的店铺引进移动支付，潜在客户达到 40 万家。如今,微信支付也已经打入日本市场。

因此,Paytm 和支付宝在日本市场合作的可能性更大,一旦联合,Paytm 和支付宝将在日本移动支付市场占据绝对控制地位。要说竞争的话,两者若是合作,或将与微信支付在日本展开竞争。

日本央行力促 AI 金融的启示

2017 年 4 月 13 日,日本央行在总行召开以"在金融中运用人工智能"为主题的会议,会议邀请了日本金融界相关人士参与讨论。

这是日本媒体披露的第一场日本国家中央银行层面专题召开讨论将人工智能应用到金融领域的会议,说明了日本央行在金融科技领域敏锐的嗅觉和观察力,以及力促金融科技创新发展的前瞻性眼光。

日本是世界上科技最发达的国家之一,特别是在工业机器人、人工智能等现代科技领域,日本是投入研发与应用最早的国家。

在美、欧、日纷纷将人工智能引入金融领域,特别是金融高端服务的投资顾问行业时,就可以推测金融科技将会影响传统金融的所有领域与所有岗位了。专家们预测,人工智能将率先在金融行业取得突破,金融科技将全面代替、颠覆传统金融。

作为掌控货币政策大权并拥有金融监管职能的中央银行,对金融科技的汹涌而来一定要有预判对策,以促进人工智能在金融行业的应用为主,摸索金融科技发展与渗透规律,防范金融科技可能带来的新问题与新风险。

日本央行召开金融科技、人工智能金融应用会议是非常及时和必要的,凸显了日本央行对新金融发展的高度重视。

日本央行行长黑田东彦参加了这次会议并发表了演讲。他表示,让人工智能与大数据分析为金融服务"具有对经济社会做出巨大贡献的潜力",可推动金融的发展。

黑田解释称,金融通过对高端信息的处理支撑着经济发展。他认为,AI及大数据分析能高速处理庞大的信息,将有助于实现更高的效率与更好的发展。

在全球科技去中心化的趋势下,点对点交易技术应用于金融行业后,金融资源将会得到最大化的挖掘和配置,金融资源配置的中间中介环节几乎消失,不仅效率会大幅度提高,融资成本也将会大幅度下降,去中心化使金融交易变得越来越简单了。

人工智能在金融领域的应用还将使人为的主观因素消失。世界上最复杂的问题就是人的问题,最复杂的交易就是由人主导的交易。一旦将 AI 技术应用于金融领域,那么,一切交易似乎都变得简单了。

当然,人工智能进入金融领域也可能会带来新的金融风险,虽然这些风险目前还来自于主观分析与想象,但只要是合理的,就一定要预防。

有人担心人工智能的介入将加剧金融市场的变动,导致市场参与者的多样性丧失。这个担心不无道理,完全充分竞争市场要求市场参与者的多样性，每一个或几个市场主体都不能垄断市场买卖交易，如果市场丧失多样性，要么形成垄断，要么导致市场"崩塌"。

将人工智能引入金融领域有使市场多样性消失的迹象，比如：智能投顾的大面积推广，可能会造成市场发生单一卖而无人买或单一买而无人卖的情况，这些都将导致市场爆发大风险。

或许是我们过于杞人忧天了。此前，笔者与阿里巴巴首席技术官、有"中国大数据云计算第一人"之称的王坚座谈时，他认为对大数据云计算的挖掘、分析与计算能力才是关键。各个技术公司与金融公司对数据的挖掘与分析能力不一样，那么单个智能投顾对市场的判断决策就会存在差距，不一定会出现集中卖而无人买或集中买而无人卖的单一市场情况。

对于人工智能给金融带来的风险，日本央行行长黑田东彦表示，将通过认真核查对金融市场的影响，"努力实现新技术的优势最大化、负面因素最小化"。

在鼓励人工智能大踏步应用于金融行业的同时，着手对其可能导致的金融风险进行分析预判，是正确的思维。

第四章

智能投顾刮起"智投"风

第一节
什么是智能投顾?

智能投顾是什么? 根据 Investopedia[①] 的定义,智能投顾(Robo-Advisor)是指提供自动化,并主要以算法驱动的财务规划服务的数字化平台。智能投顾是根据现代资产组合理论搭建一个数据模型,结合投资者风险偏好、财务状况与理财目标,通过后台算法为用户提供资产配置建议。

智能投顾的本质是由算法计算出的投资基金组合,可以减少挑选基金的时间与成本,并结合投资者财务状况和收益率高低来做个性化定制,特别适合中小投资者。

中国智能投顾进入实践试水阶段

2017 年 5 月,中国智能投顾行业发展报告发布。报告显示,智能投顾成

---

① 一家美国网站,专注于投资和金融教育及经纪账户等各种金融产品的评论、评级和比较。

　　为金融行业的又一个风口,不仅民营互联网金融企业加入了智能投顾研发领域,商业银行也开始进军智能投顾行业。继招商银行推出摩羯智投后,兴业银行也随之推出了智投服务。

　　互联网金融企业是较早采用智能投顾的,比如雪球网推出的蛋卷基金、"金融界集团"推出的智能投顾及理财魔方等。不管是从投资组合策略还是从配置方法来说,各家机构打造的产品都有各自的"特色"。

　　从中国智能投顾的战绩来看,在市场不温不火,缺乏稳定的赚钱机会时,在上证(上海证券交易所)50拉升5.63%而大盘下跌1.19%的环境中,智能投顾产品却通过组合策略和调仓策略的灵活调整,强势跑赢大盘和公募基金。2018年9月,在《扬帆起航,乘风破浪——中国智能投顾行业发展报告》披露的摩羯智投、金融界智能投顾、理财魔方、蛋卷基金4款智能投顾产品中,只有摩羯投资跑输了大盘,其余3款全部跑赢了大盘。

　　2017年6月,金融界智能投顾已经获取了4.81%的平均投资收益,不仅远超上证综指0.51%的涨幅,还超过第二名1.33倍;截至2017年6月,蛋卷基金也取得了平均2.37%的收益率,战绩不错。不过,招行旗下的摩羯智投的平均收益为-0.02%,不仅跑输了公募基金,还跑输了大盘。

　　2018年9月,受美股和港股收跌的拖累,摩羯智投、理财魔方、蛋卷基金等产品在9月整体涨幅有限,平均不到1%,其中蛋卷基金表现最为优异,平均收益率为0.91%,但其平均最大回撤接近2%;理财魔方9月回撤控制优异,单月平均最大回撤不足0.5%,同时平均收益率超0.5%。

市场上的智能投顾产品，组合设置大多基于客户不同的风险偏好，因此组合之间的风险收益特征也有较大差异。

这打消了笔者的一个顾虑，即智能投顾会不会酿造集中爆发式金融风险？从中国智能投顾业绩看，各种智能投顾的能力是不一样的，这是其背后开发能力、计算能力的体现。同时，也证明了智能投顾不会出现集中买卖造成大盘的大起大落。

中国智能投顾已经进入实践试水阶段，并且取得了不小的进步。更令人欣慰的是中国智能投顾的全球化视野，例如，金融界网站（jrj. com）推出的智能投顾，面对 A 股的"缠绵无力"和中小创的估值下移，这家公司的智能投顾在配置策略上进行了灵活调整，在下调创业板比例的同时调高了与之负相关的黄金资产。后来的事实证明，受到政治局势动荡和地缘危机的影响，伦敦金价小幅上涨。

不过，中国智能投顾在发展中有两大隐患令人担忧。首先，中国投资环境已经形成了跟风炒作，制造噱头、追逐概念的氛围。在这种情况下，机构能否脚踏实地投资研发智能投顾，确实存在疑问。

我们知道，智能投顾背后需要强大的人工智能技术支撑，而人工智能技术并不是所有公司都有实力研发的。它不仅需要巨额投资，还需要顶尖的数据科学家坐镇。谷歌就满世界招聘顶级的数据科学家。而上述推出智能投顾产品的中国公司，都没有在人才储备上有大动作，也从未听闻引进了世界顶级数据科学家。

在中国 A 股市场及中国其他投资市场,要试验智能投顾的准确率、回报率及分析计算能力,尚不具备这样的市场环境。智能投顾主要是根据历史数据分析做出买卖与否的投资判断,而中国 A 股市场的历史数据是不健全的。

更加重要的是,智能投顾必须在市场机制真正起决定性作用的市场里才能发挥作用,而中国的金融市场的影响因素比较复杂。不知道上述几家公司的智能投顾,是如何在中国特殊的市场环境中分析出风险大小的? 因此,在中国市场环境中产生的智能投顾产品的分析结果并不那么令人信服。

当然,无论如何,中国智能投顾还是迈出了自己的步伐,仅从这一点看就可喜可贺。希望大型互联网公司与大型国有银行,都能在发展中国的智能投顾产品中发挥主导作用。

百度押宝智能投顾

在三大互联网传统巨头中,百度遭遇的困难或许更大一些。阿里巴巴、腾讯都很好地实现了转型,而百度还在寻找转型方向与目标。2017 年以来,百度的转型方向逐渐清晰,那就是押宝人工智能,廉价卖掉百度外卖,或许正与其打算集中精力研发人工智能技术不无关系。

基于大数据算法,通过搜索技术的积累,利用神经网络、深度学习等技术对数据进行建模和分析,得出可以指导具体场景下应用的决策或结果,这样的产品我们就可以称为人工智能产品。微软的 Cortana、小冰与百度的度秘，都是使用人工智能技术实现输出的产品。

人工智能的基础是大数据，无论是输入或是输出，人工智能都必须基于大数据来完成。百度选择进入金融领域有两个目标：一是以区块链技术为核心的加密数字货币；另一个就是智能投顾。

百度金融已经对外公布"成为一家真正意义上的金融科技公司"的远景，准备利用人工智能等技术优势，升级传统金融，实现普惠金融的梦想。它明确了"身份识别认证""大数据风控""智能投顾""量化投资""金融云""智能获客"六大金融科技发展方向，并向传统金融机构开放"金融云"，输出全套金融解决方案。

与此同时，中国一批从事智能投顾的金融企业已经小有斩获。2014 年 4 月，中国首家智能投顾平台"蓝海智投"创立；2015 年 10 月，以海外 ETF（Exchange Traded Funds，交易型开放式指数基金）为投资标的的弥财上线运营；2016 年，又相继出现了投米 RA、璇玑智投等对标海外资产的智投产品，以及以国内公募基金为主要投资标的的理财魔方、拿铁智投、钱景、蛋卷基金等。

中国智能投顾行业 2017 年 5 月发布的发展报告显示，智能投顾成为金融行业的又一个风口，不仅民营互联网金融企业加入到智能投顾研发领域，商业银行也开始进军智能投顾。2016 年 11 月，浦发银行推出财智机器人；2016 年 12 月，招商银行推出摩羯智投；2017 年 8 月，江苏银行推出阿尔法智投；

2017 年 11 月,中国工商银行推出 AI 投;2018 年 4 月中国银行推出中银慧投;2018 年 6 月,中国农业银行推出农银智投;截至 2019 年 5 月底,中国已经有 11 家银行推出了智能投顾产品。

　　而在国外市场上,智能投顾行业的发展又是怎样的呢？美国的智能投顾市场已经培育出较多成熟的智能投顾平台。在标的资产、收费模式、服务模式等方面,具有典型特色的有先锋基金、嘉信理财、Betterment、Wealthfront 及 Personal Capital 等。具体而言,先锋基金(Vanguard)采用"机器＋人工"兼顾的混合模式,侧重于客户风险偏好判断与大类资产配置;嘉信理财(Charles Schwab)主要利用 AI＋机器学习技术帮助设置及跟踪目标、实时进行调整及资产再平衡,对分析师最先进的研究成果持续地更新算法,优化资产配置;Betterment 采用自动化在线服务,无须填写风险偏好问卷就可直接为用户输出优化的投资组合;Wealthfront 采用全自动化服务进行税收优化;Personal Capital 同样采用半智能投顾模式进行跨平台财务分析。

　　国外银行智能投顾发展方面,加拿大的蒙特利尔银行(BOM)、英国四大银行(巴克莱、苏格兰皇家银行、劳埃德银行、桑坦德银行)相继宣布引入智能投顾服务。

　　未来,智能投顾也许会很快渗透到普通人的投资理财之中。普通投资者无论是到银行、保险公司、基金公司、信托公司买理财产品,还是到股市买股票,都可以寻求机器人投资顾问的帮助。

　　今后,走进投资理财公司,服务人员也许会把机器人顾问作为一个选项推荐给你,甚至机器人投资顾问还会成为主角。满眼都是机器人投资顾问的场景或将很快到来,机器人投资顾问会成为每一个老百姓投资行为中不可或缺的标配。

智能投顾是互联网金融发展的大趋势,且看未来人工智能在互联网金融领域掀起又一场重大变革吧。

中国智能投顾不如传统投顾平台吗?

中国智能投顾整体发展落后于欧美和日本,特别是落后于美国。与此同时,智能投顾环境比较复杂,炒作概念的多,真正脚踏实做研究的少。因此,许多投资者认为中国的智能投顾不如传统投顾平台。

中国智能投顾的差距在哪里呢?首先,我们要明白 AI 的三要素是大数据、算法和算力。因此,中国智能投顾的突破必须依靠蚂蚁金服、腾讯金融、百度金融、京东、小米等拥有海量数据的大型互联网公司。

智能投顾是金融行业的下一个发力点,这已经成为行业共识。大型国有金融企业已经觉醒,开始涉足智能投顾。虽然现在还不成气候,但前景值得期待。

国内不少银行、券商、互联网创业公司近几年都在研发智能投顾产品。2017 年、2018 年更是银行智能投顾产品上线频率最高的一年。中国工商银行、江苏银行、光大银行、广发银行、兴业银行、平安银行都推出了自己的智能投顾产品,中国银行的中银慧投也在 2018 年面世。而作为先行者,招商银行在 2016 年推出的摩羯智投的资产管理规模已经在百亿元人民币左右。

银行智能投顾产品的集中涌现,体现了中国智能投顾已经加速进入实际应用领域,只有参与者增加,智能投顾技术才能不断走向成熟,商业应用才能进一步落地。银行系拥有雄厚的资金实力和很大的客户规模,同时在风控上也有充足的经验。各大银行加大在智能投顾方面的投入,对智能投顾的发展来说是极大的利好。

毕竟,智能投顾考验的是平台的金融服务能力和人工智能技术实力,在人才、技术上的投入不够时,很难做出让人惊艳的智能产品。

中国的智能投顾必须首先扎扎实实做基础,把大数据基础做扎实是第一位。这就需要银行、券商、基金、保险、信托、资管公司与华为、阿里巴巴、腾讯等互联网巨头合作,打通和整合大数据平台,实现数据共享,各自付费。同时,在云计算、算法、算力上与华为、阿里巴巴、百度和腾讯合作,甚至与谷歌、亚马逊、苹果合作。先把三大基础夯实了,再谈智能投顾的大发展。

任何一项新兴技术的发展初始期,都是鱼龙混杂、泥沙俱下的。在这个阶段,噱头大于实际,概念大于实际应用。智能投顾也不例外,很多智能投顾产品并没有做到千人千面,在一定程度上还是依赖人力。随着深度学习、人工智能技术的成熟及技术标准的建立,智能投顾会逐渐走向规范化,真正实现“智能化”。一定要给智能投顾一个自由自在、无拘无束、思维奔放的

"放纵期",把创新的灵感全部释放出来。然后,针对问题有的放矢地谈规范化监管。

笔者一再强调,中国智能投顾的发展还处于初期,无论是技术成熟度还是管理资产规模,抑或是用户数量,都远远不及美国。美国智能投顾企业Betterment的资产管理规模在2017年已达40亿美元,而中国的很多企业资产管理规模目前仍不到百亿元人民币。

据美国咨询公司科尔尼(A. T. Kearney)预测,到2020年智能投顾市场总规模将达2.2万亿美元。而在中国,到2020年智能投顾管理资产规模预计超过5万亿元人民币。中国巨大的人口规模以及不断增长的资产管理规模,都是智能投顾未来发展的基础。

智能投顾只有在算法模型上不断成熟,从自动化走向智能化,能够准确识别不同用户的不同需求,才能真正实现资产的优化配置。同时,只有对接更多的优质资产,用户端有更多新用户进入智能投顾的覆盖范围,智能投顾才能发挥出自己的优势,资产管理才能进入新的发展阶段。

金融业发展到今天,技术发挥的作用越来越大,互联网金融对传统金融业态形成的冲击有目共睹。智能投顾也一样,人工智能技术在金融业务上的应用,也会进一步改变人们做金融业务的思维方式。

任何一项新兴的技术都要经过一个从概念到实际应用的阶段,都会有一个成熟的过程,人们对待新技术应该理性客观,不盲目跟风,也不要夸大其词,高估技术的影响力。理性,理性,再理性!

"监管沙盒"制度是否适合智能投顾？

2018 年 10 月 18 日，香港交易所首席中国经济学家办公室和创新实验室发布研究报告《金融科技的运用和监管框架》。报告称，智能投顾和投研等人工智能技术是目前各国"监管沙盒"测试的重点内容，借鉴其他国家和地区的做法，可能是香港市场下一步的尝试方向。

这一设计本质上是一种金融创新产品的测试与激励机制，同时也能保护广大消费者的权益，是一个短周期、小规模的测试环境，可以缓冲监管对创新的制约作用。

监管沙盒的流程是怎样的呢？其具体流程总体上可分为申请、评估和测试三步，运作核心包括两方面：在既有的监管框架下降低测试门槛，同时确保创新测试带来的风险不从企业传导至消费者。

监管沙盒目前在全球推广得如何？除英国外，新加坡、澳大利亚、美国等国家也纷纷在 2016—2017 年推出了关于监管沙盒的相关文件，对准入条件与操作方法进行了说明。2017 年 5 月 23 日，中国在贵阳启动了区块链金融沙盒计划，这是中国首个由政府主导的沙盒计划。

这个沙盒计划的目的是，针对 ICO 实施"监管沙盒"，既可以弥补现有金融监管机制的不足，又可以相对控制风险、保障投资者的利益，是平衡区块链行业创新与 ICO 风险的有效监管手段。对于 ICO 监管如果过严，势必会影响区块链这个新兴行业的发展与进程。监管沙盒制度应用得最好的是新加坡监管局,其在人工智能投资顾问、区块链技术等方面持非常开放的态度,实践效果比较好。

监管沙盒制度是否适合应用到智能投顾领域呢?这个值得商榷。

香港根据人工智能技术在智能投研、智能投顾领域的运用,试图在监管上采用监管沙盒制度。其主要是围绕区块链和人工智能这两大技术与证券行业的结合点展开,探寻这些新技术如何与证券业的投资及交易、结算、监管层面等业务具体结合,为金融科技找到在资本市场的具体运用模式,以实际的、可操作的案例来说明金融科技对资本市场和证券交易的影响和意义。

不过,智能投顾与区块链技术、ICO 和加密货币的区别是前者已经实践了很长时间,基本是一个成熟的技术,接下来面临的是如何进一步提高智能投顾的准确率和效果的问题。这个时候把其纳入沙盒监管里,不仅会限制智能投顾的发展,还有可能引发智能投顾技术的倒退。

我们必须清楚监管沙盒制度的适用范围与对象。近年来,以区块链、大数据为代表的一系列金融科技快速发展,各种新兴的金融产品、服务和商业模式陆续产生,快速改变着传统金融行业的生态格局。而金融科技的业务模型和应用模式都十分多样而复杂,监管机制难以同步发展,用滞后的监管机制来管控日新月异的金融科技时,如何平衡风险防控和促进创新之间的关系,成为一大难题。在这样的需求下,监管沙盒应运而生。

笔者认为,监管沙盒制度就是为区块链技术、ICO 和加密货币量身定制的,而应用到较成熟的智能投顾上还需要谨慎研究与思考。

第二节
智能投顾的发展趋势

人工智能经过数十年的演变,在物联网、大数据、云计算的驱动下已进入了新的发展阶段,而随着人工智能的不断演进,也随之衍生出了很多相关的产品和服务,"智能投顾"便是其一;而且在互联网时代下年轻投资者已成为投资主力,智能投顾在国内市场已迎来了新的机遇。

在政策环境方面,伴随资管新规的出台,中国的智能投顾又将怎样发展?要实现中国智能投顾创新向"百鸟争鸣"的方向发展,首先需侧重底层核心竞争力的培育,其次要注重原始算法研发,再次要加大政策支持力度,引进金融复合型人才。

中国智能投顾任重而道远

2016 年可以称为中国智能投顾元年,各类智能投资工具应运而生。2016 年 6 月,广发证券推出"贝塔牛";10 月,华泰证券并购了美国资产管理软件生产商 AssetMark；12 月，招商银行推出摩羯智投，成为大型传统金融机构进军智能投顾的一面旗帜。围绕智能投顾的各种创业项目也层出不穷。

2017 年政府工作报告中首次提到人工智能技术。智能投顾已经不再限于 A 股市场的概念股炒作，而是在整个资管行业刮起一场"智投"风。

早在 20 世纪 90 年代后期，海外市场上直接面向个人投资者的智能投资工具就已经出现。2005 年，美国证券商学会颁布文件，允许证券经纪人使用投资分析工具帮客户理财，成为智能投顾的法律依据。2008 年金融危机以后，欧美一些初创公司开始向客户提供多种多样的投资服务工具，这些公司中很多都是科技行业出身，比如 Wealthfront。到了 2015 年左右，传统金融机构开始积极布局，开发自己的智能投顾产品，凭借丰富的客户资源，这些传统巨头的管理规模很快就赶上了前期初创的智投公司。

目前，国内一些机构试图对海外智能投顾模式进行复制或改造，但除了少部分尝试全球资产配置以外，更多的平台仅停留在表象——一方面出于市场布局考虑，另一方面则是利用智能投顾的噱头进行营销炒作，服务于金融产品销售的最终目的，实为"挂羊头卖狗肉"。

当然，这与海内外市场投资土壤、政策环境的客观局限有关。

相较于海外成熟市场，中国资产管理行业发展历史短，监管体系仍有待完善，也缺乏针对智能投顾的相关法规。从监管层面来看，国内对技术金融的监管仍然处于摸索阶段，尚未出台明确针对智能投顾的监管条例。国内对投资顾问业务和资产管理业务分开监管，适用不同的法律法规。比如，按照规定,证券公司、证券投资咨询机构可以接受客户委托,辅助客户做出投资决策,但不能接受全权委托,从事资产管理服务。2015 年 3 月,中国证监会发布的《账户管理业务规则(征求意见稿)》,体现出证券公司投顾人员可以"代理客户执行账户投资或交易管理"的可能性,但显然证券公司以外的业务平台不能参与该类业务。

在法律层面,与投资顾问业务相关的法律法规均基于人对人的服务,但现行《证券投资顾问业务暂行规定》《证券、期货投资咨询管理暂行办法》等法规,均未界定机器人投顾是否具备合法性,这也成为国内智投行业发展中一个难以逾越的障碍。

从智能投顾的实现工具来看,中国还很缺乏底层资产品种,ETF 产品数量远远小于国外主要金融市场,且海外投资受限,不能达到很好的分散风险的目的。智能投顾以被动投资为核心理念,低成本的一个前提条件是基于种类丰富的 ETF 产品。国外金融市场发展成熟,ETF 种类基本能覆盖全球各大类资产。有机构统计显示,截至 2017 年 1 月,美国市场有近 1800 只 ETF,产品种类繁多。

反观国内,沪深两市上市的 ETF 产品合计有 124 只左右,月交易额不足100 亿美元,且大多属于传统股票指数型 ETF,而债券型 ETF、商品型 ETF等合计不足 10 只。此外,目前国内资产进行海外投资仍然有监管要求,不能真正覆盖各个大类资产,难以达到分散风险的目的。

另外,国内市场以个人投资者为主,机构投资者占比较低,大多数人的投资理念还不成熟,多追求短期收益,无论是在股市还是基金投资上,都体现出明显的投机风格。以基金投资为例,基金业协会发布的调查报告显示,个人投资者购买基金时最关注的就是基金的历史业绩。而国内智能投顾平台推出的产品在收益率上并无显著优势。在这一市场环境下,资产配置理论所强调的长期投资无用武之地。同时,国内投资者资产配置意识薄弱,智能投顾的市场需求还有待进一步释放。

反观海外市场,美国民众的理财意识根深蒂固,特别是在管理养老金账户上,美国民众大多追求投资期限较长、收益相对稳定的组合配置,而非短期投机。另外,海外金融市场发展已经颇为成熟,市场波动相对较小,追求超额收益的难度很大,被动投资理念深入人心。

生存土壤的差异决定了中国智能投顾行业不能简单地复制海外市场的发展路径,谁能率先摸索出符合中国特色的智投模式,谁就有机会在这一轮行业革命中占得先机。

从长远来看,人工智能与传统金融市场的诸多功能紧密结合,提高效率、降低业务成本只是时间问题。首先,着眼于全球资产配置的智能投顾,顺应了当前全球资产配置的主题,未来市场前景可期。随着国内经济的发展,居民可支配收入增加,资管市场空间显现。而传统投顾人员的覆盖不足,也给智能投顾的发展提供了机遇。截至 2019 年 6 月 2 日,证券业协会官网登记的证券投资顾问从业人员共有 50800 名,投资顾问与投资者数量的比例接近 1 ∶ 3000。投顾市场的供需失衡给智能投顾留下了巨大的发展空间。

与此同时,房地产、信托等传统投资渠道收益全面下滑,单个资产绝对占优的局面不复存在,这将引导国内投资者从以往单纯追求高收益的做法向分散风险、保值增值转变,从而产生对智能投顾的现实性需求。

另外,智能投顾的低成本,势必会拉低资管行业的门槛,赋予中小投资者更多的选择,有助于资管行业的业务下沉,惠及大众。

民意难挡智能投顾的发展趋势

在 AlphaGo 战胜中国围棋天才少年柯洁以后,人工智能被说得更加神乎其神了。乌镇一战之后,社会各界纷纷猜测人工智能极有可能开始入侵金融行业。

其实,人工智能进入金融行业早就已经开始了。美欧、日本等金融机构纷纷采取量化机器计算技术做金融分析这类高端服务工作,人工智能已经开始替代股市、汇市、债市、保险理赔及黄金市场的分析师的工作。

世界各大科技公司都在花重金吸引数据科学家加盟。可以说,在工业4.0 时代的争夺中,谁占领两大科技制高点,谁就将彻底把握主动权,这两大科技就是人工智能和区块链技术。

智能投顾在欧美很火吗? 实际上,仍有九成以上的人信不过智能投顾。因此,有人便以此得出智能投顾发展道路还很长的结论。这个结论当然没有错,但是却忘记了智能投顾是投资行业发展的最终方向,是一个大趋势。

国际知名资产管理公司荷兰国际集团（International Netherlands Groups，ING）做了一个调查，访问了 15 个欧美国家的 1500 人，其中有 91％的人表示，不会让智能投顾独立管理运作自己的资产；而有 25％的人表示，如果智能投顾做决定前须经过人类客户同意的话，他们也愿意试一试。

这个结果并不奇怪。智能投顾刚刚兴起，市场肯定需要一个认知的过程。就像美国的亚马逊、中国的阿里巴巴，在刚开始做电子商务时客户认可度是也是非常低的。在网上买东西？这在 20 年前就像是说天书。而如今，妇孺老幼都会在网络上购物消费。任何新事物、任何创新，都要有一个认知的过程，都需要时间普及。

从根本上说，人工智能包括智能投顾的发展，与民众、客户的认知多少、高低联系并不密切。智能投顾是金融企业研发的机器人分析师，它试图代替成本高、流动性大、难管理的高级人类金融分析师，与金融企业关系密切。但对于客户来说，人类分析师与机器分析师是一样的，客户只在乎金融企业是否给予自己高的投资回报，并不在乎做决策的是机器还是人类。

当然，智能投顾要想取信于民，就必须拿出有说服力的业绩来证明自己。据来自美国与日本的消息，美国高盛等公司研发的机器人对市场分析的准确率已经达到 80％，日本的也在 70％以上，这个比例应该能继续提高。如果 AlphaGo 能够战胜人类围棋高手，那么智能投顾代替人类分析师应该也不在话下。如果金融业高端岗位金融分析师都能被机器人替代，那么金融业就基本没有人工智能替代不了的位置。

有观点认为,智能投顾来到中国之后"水土不服",用户要么根本不愿意把钱交给智能投顾,要么就是总嫌弃它亏钱。还有不少人认为,中国大多数人还没有资产配置的理念,因此智能投顾在中国发展的土壤不足。这个说法并不符合事实,智能投顾是属于金融公司的,客户把理财资金交给的是金融公司,而不是智能投顾。

笔者反而想提醒中国金融企业,在工业4.0时期,一定要抓住人工智能这个创新性技术。对于金融企业特别是国有金融来说,到了应该斥巨资投入研发人工智能金融的时候了,绝不能被眼前的智能投顾民众认可度低的假象所迷惑。在人工智能金融上,普通民众的发言权并不大,也没有必要那么大,应该奉行电影《红高粱》主题曲里的一句歌词:"妹妹你大胆地往前走!"

中国智能投顾的信心来自哪里?

中国智能投顾行业的发展可以用"起个大早,赶个晚集"来描述。资料显示,中国智能投顾从2004年就已经起步,但多年以来可以说是徘徊不前。美国智能投顾于2010年起步,至今已发展得如火如荼。

中国智能投顾徘徊不前的原因何在? 有金融市场大环境的影响,也有投资者利用现代科技的意识不强的因素,更有智能投顾一直在浅水区蹚水而不敢到深水区"游泳"的情况。

中国金融市场大环境的规范程度还较低,市场化空间还很大,而智能投顾对完善市场机制依赖程度非常高。

从智能投顾的流程来看,一般分为六个步骤:信息收集、投资者分析、大类资产配置、投资组合分析与选择、交易执行、资产再平衡。如果针对的是美国市场,通常还会多出一个"税收规划"板块。这些都是智能化操作,应该是以大数据为前提。一旦第一步"信息收集"中的"信息"是假的,或者是人为编造的,那么后面的一切就都无从谈起了。因此,智能投顾必须建立在完全的市场机制基础上,智能投顾是市场化的产物,与计划干预之类的东西格格不入。智能投顾应该在公开透明、公平公正的平台上与其他投资顾问赛跑,这个平台不应该受到任何干扰。

然而,目前国内的投资平台信用背书比较混乱,刚性兑付基本没有被打破,承诺高收益的品种太多,使智能投顾在中国貌似没有用武之地。

中国的无风险收益率太高,理财产品、货币基金动辄有 4%～7% 的收益率,更不用提有 10%～30% 收益率的 P2P,而美国的货币基金普遍利率仅有 1% 左右。这就导致智能投顾在中国有点水土不服,生存空间被挤压了。不过,笔者对于智能投顾在中国未来的发展依然充满信心。

从技术上看,作为智能投顾第一要素的大数据,中国有最为坚实的基础。中国目前的线上大数据积累是最为丰富的,大数据资源开发是中国智能投顾最大的优势。智能投顾大数据金矿不能也不会被浪费。因为,一旦理顺市场,企业会自发介入智能投顾领域。

从智能投顾的优势上看,美国智能投顾发展的核心在于降低各方面的成本。包括降低投行聘请人工分析师的高昂成本,降低客户费用成本等,使普惠金融扩展到了投资顾问。传统投顾聘请分析师成本畸高、触达客户难、用户画像成本高、维护用户费精力、传统投顾建议难有效,这些难点都是近年来推动线上化发展的因素,都给智能投顾的发展提供了机会。

近几年中国智能投顾也有可喜的进步。2014 年 4 月,国内首家智能投顾平台"蓝海智投"横空出世,引导用户通过开立美股账户实现海外 ETF 投资;2015 年 10 月,被视为"黑马"的弥财正式上线运营,投资标的也是海外的 ETF;2016 年 4 月,宜信财富上线智能投顾——投米 RA,投资标的为流动性较强的海外 ETF 等指数基金;同年 8 月,璇玑智投成立,主要投资标的为 QDII(合格境内机构投资者)基金。

从投资国内产品看,第三方基金代销平台中,如盈米基金和好买基金网,以基金为主要配置,推出了机器人理财产品;传统金融机构中,招商银行、广发证券、平安证券的智能资产配置系统有较高的知名度。

此前的互联网创业平台未来更可能转向 B(Bussiness,商家)端,而银行、基金、券商也将改变粗放式发展的风格,为了留住客户、满足多元化需求,智能投顾的开发也是大势所趋。

近期,蓝海智投推出了面向 B 端的智投云业务,为券商、银行和第三方财富管理机构提供智能投顾的产品、策略的解决方案。此外,除了较早登陆市场的招商银行的摩羯智投,如今还有来自中国银行的中银慧投和中国工商银行的"AI 投"。只要起步,就不怕路途遥远,到达终点只是时间问题!

银行业要做真正的智能投顾

智能投顾在全球范围内越来越火,各个国家都非常重视。特别是欧、美、日,可以说是智能投顾的领头羊。美国在智能投顾上想捷足先登,当领头羊,试图改变在互联网金融包括支付、金融科技等方面落后于中国的状况。

在互联网金融包括电子商务等线上经济领域,美国确实落后于中国了。因此,美国在智能投顾上憋足了劲儿,想要借此赶超中国。

尽管如此,中国有互联网金融、金融科技的强大科技基础,对于智能投顾这个金融业最具前景的行业,有动力去探索研发。在金融领域,如果错过 AI 金融,错过智能投顾,就必将错过金融业的未来。敏锐的中国企业是不会袖手旁观的,可喜的是中国商业银行都开始涉足智能投顾,尽管是初步的,也非常值得肯定。

招商银行于 2016 年年底推出摩羯智投,成为国内首家推出智能投顾的商业银行。两年多以来,银行系智能投顾产品扩容迅速。据统计,截至 2019 年 5 月底,中国已经有 11 家银行推出了智能投顾产品,其中国有大行中国工商银行、中国银行、中国建设银行已陆续推出各种产品;股份制银行中浦发、中信、兴业、平安、广发和光大银行也推出了自己的产品;城市商业银行中,江苏银行早在 2017 年 8 月就推出了阿尔法智投。

如果说互联网金融是普惠金融,那么智能投顾就是标准的普惠金融投资顾问。在现有的人工分析师投资顾问中,至少要达到 100 万元的资金门槛才有资格享受到投资顾问的"辅导"。传统的投资顾问是富人的专属投资产品,和一般投资者无关。

智能投顾涌现后,其普惠性迅速显现出来,一般投资者几乎都可以享受到这个高层次顾问待遇。特别是工、农、中、建、交五大国有银行推出智能投顾后,其普惠性受众群体迅速扩大。服务人群更广、投资门槛更低、管理费率更低,还能实现相对高的投资回报。

在中国商业银行发布的多款产品中,投资门槛最低的是浦发银行"极客智投",只需 1000 元就可以尝鲜了。此外,中国建设银行的"龙智投(鑫享激情)"投资门槛也不高,2000 元即可。千元俱乐部还有兴业银行"兴业智投",起投金额为 5000 元。招行"摩羯智投"的投资门槛最高,但起投金额也仅为 2 万元。

2 万元进行投资,金额已经很低了。但"贵"也有贵的好处,摩羯智投提供了 30 种投资组合供选择。不过,可选组合数量最多的是兴业智投,足足有 36 种;工行、中行、建行 3 家国有行智能投顾提供的投资组合个数均为 15 种;而可选种类最少的是中信银行的信智投,只有 5 种。

需要认清的是,中国银行业的智能投顾还不能算是真正的智能投顾。充其量仅仅是一种数量化工具而已,而智能投顾与数量化工具是有本质区别的。

智能投顾源自美国,目前发展最成熟的地区也是美国。2010 年智能投顾公司 Betterment 在纽约成立,一年后 Wealthfront 公司在硅谷成立,智能投顾正式诞生。从 2013 年开始，两家公司的资产管理规模呈现了惊人的增长，到 2015 年年底，Wealthfront 拥有了约 29 亿美元的资产管理规模，而 Betterment 则超过了 30 亿美元。自此，华尔街掀起一股智能投顾的热潮。

典型的 Robo-Advisor 通过在线调查收集客户的财务状况和未来理财目标等信息，使用数据提供建议与支持客户投资。

在投资理财的过程中，能体现智能的环节有三个：投前，运用智能技术提供自动化投资风险倾向分析、导入场景化需求、投资人理财目标分析等；投中，实现自动化分仓交易、交易路径的最大效率或最小成本算法，以及比对市场动态所衍生的交易策略等；投后，自动化账户净值跟进、自动调仓提示、智能客服与其他可预先设定场景的服务规划等。

量化投资主要是指通过数量化方式及计算机程序化发出买卖指令，以获取稳定收益为目的的交易方式。量化投资在海外的发展已有 30 多年的历史，并不算一种新投资工具。它有四大特点：一是纪律性，表现在依靠模型和相信模型，每一天决策之前，首先要运行模型，根据模型的运行结果进行决策，而不是凭感觉。二是系统性，具体表现为"三多"——多层次、多角度、多数据（海量数据的处理）。三是套利思想。四是以概率取胜，这表现为定量投资不断从历史中挖掘有望在未来重复的历史规律并且加以利用；或者依靠一组股票取胜，而不是一个或几个股票取胜。

智能投顾自身的学习能力等是量化投资工具所不具备的，中国银行业智能投顾还有很大的提升空间。

智能投顾监管不应设置准入门槛

2017 年 11 月,号称中国史上最严的资产管理新规出台了。与此同时,金融业加快开放的信号也非常明确。这两个方面协同推进,有积极的意义。同时,我们也必须看到,2017 年 11 月 17 日,人民银行、银监会、证监会、保监会、外汇局出台的《关于规范金融机构资产管理业务的指导意见(征求意见稿)》(以下简称《征求意见稿》),存在着巨大不足和严重缺陷。

《征求意见稿》中,新金融思维的监管元素基本没有,创新型监管思路不清晰,让市场自由出清的市场化监管思路也不足,行政思维、权力思想渗透,扰乱了金融市场机理,结果必然会抑制金融市场的活力。

笔者多次强调,监管不能跑在创新前面。这次出台的资产管理监管办法就明显存在监管跑在创新前面的问题,比如央行发布的资管新规里第二十二条提到智能投顾方面的监管,里面提到的监管内容,明显有凭空想象的成分。

人工智能金融在全球都尚在摸索与试验阶段,其规律、风险、缺陷、运作程序、准确率等都还没有定论。在实际研发与操作机构都不明白的情况下,监管仓促出手,监管政策竟然就这么出台了。这必然导致监管要么形同虚设,要么就是把创新遏制在萌芽里。

过度强调监管,"管"字当头,鼓励创新不足,是近期一系列金融监管政策的最大缺陷与遗憾。比如智能投顾这个创新技术才刚刚起步,在此次"最严"资管管理办法中竟然对此率先设置门槛与权力审批:"金融机构运用人工智能技术、采用机器人投资顾问开展资产管理业务应当经金融监督管理部门许可,取得相应的投资顾问资质。"这种行政审批许可极有可能演变成为一种权力寻租的工具,最终使智能投顾这个金融创新技术被官僚冗杂、效率低下、权力傲慢与腐败寻租的审批制度压抑了创新与活力。

对新科技金融的监管不能坐在办公室凭空想象风险,然后采取杞人忧天式的监管措施。比如,《征求意见稿》中说:"因算法同质化、编程设计错误、对数据利用深度不够等智能投顾算法模型缺陷或者系统异常,导致羊群效应、影响金融市场稳定运行的,金融机构应当采取人工干预措施,强制调整或者终止智能投顾业务。"这就是一个杞人忧天的想法:一方面中国目前的智能投顾尚没有达到如此的水平与规模;另一方面,市场出现的羊群效应都是市场本身酿成的,即便没有智能投顾也会发生一边倒卖空的情况。

对于还处在实验阶段的智能投顾,监管的正确姿态应该是鼓励创新,支持企业放开手脚大胆研制与投入实验性使用。监管部门应耗费 5 年甚至更长的时间来观察、调查这项新技术运行与试验的全部过程,特别是利用算法、大数据、云计算及深度学习等智能投顾核心要件的准确率,从而观察出金融风险点并予以提示。比如,《征求意见稿》里提示:"金融机构应当依法合规开展人工智能业务,不得借助智能投顾夸大宣传资产管理产品或者误导投资者……"这种提示与要求是完全正确和必要的。

这份史上最严资管新规征求意见稿还有较大的完善空间。特别是在对待智能投顾等创新性科技金融业务上，应该提供宽松的发展空间，同时也给监管一个观察期、缓冲期、调研期。建议不要对智能投顾设置诸如行政许可这类的准入门槛，但对其加大风险提示是监管部门应尽的职责。

第五章

金融赛道下半场，科技巨头"入侵"

第一节
中国科技巨头进军金融业

在科技金融袭来之初，阿里巴巴、腾讯、百度和京东就不失时机地进入了金融行业；滴滴也随后上线了"网约车金融"服务平台；小米联手金山、新网银行进军金融业；后起之秀字节跳动公司也凭借海量的活跃用户，涉足支付业务；银行方面，网商银行、微众银行总体发展都不错。

在中国对新金融监管较严的背景下，科技巨头进入金融行业的热情不仅没有消退，反而更加强烈了。

滴滴上线"网约车金融"

滴滴公司已经开始进入金融行业。多家媒体报道称，滴滴金融服务上线了一站式网约车金融服务平台"全桔"系统。据悉，该系统将通过滴滴金融服务的账户管理及大数据风控能力，服务于出行行业中间环节的汽车租赁公司，来为出行生态内合作伙伴提供定制的金融服务，目标是简化针对网约车车辆和司机的金融服务流程。据介绍,"全桔"将一端对接服务出行场景的金融服务提供方,另一端对接以租赁公司为主的行业合作伙伴,以提高双方对资金、汽车资产的匹配与管理效率。

虽然滴滴的"全桔"金融服务平台目前的定位还不是太清楚,从金融专业角度来看说服力还不太强。不过,令人不得不思考的一个问题是,像滴滴这样的科技巨头们有什么底气、能力和优势进入金融行业呢?

媒体报道说,滴滴公司在经历了一系列"事件"后,现金流压力始终不小,把触角伸到金融领域并不稀奇。但这个理由绝对不是滴滴进入金融业的原因。如果滴滴抱着解决自身融资难和现金流压力的目的推出金融业务,如果其推出的金融业务是给滴滴筹资、融资服务的,那么一方面这是违规的,另一方面也将毁了滴滴金融。

那么,滴滴介入金融业的底气和优势在哪里? 在于三个核心:大数据、云计算和 AI。

在搞清楚这三个核心的作用之前,要先澄清金融的两个关键问题:金融的本质是什么? 金融未来的趋势方向在哪里?

金融的本质是信用,只要解决了信用问题,就能解决金融的风险控制问题。过去,就是因为解决不了信用问题,即获取不了金融交易对手的信用情况,或者在不知道对方信用的情况下发生了金融交易,从而引发了金融风险。

但有了互联网科技公司之后,这些科技公司的平台上留下了人们经济活动交易的数据，对这些数据进行分析就能了解客户的信用状况，解决了信用不可知或没有手段获取的大问题。这就解决了金融本质的信用问题。

这就是高盛这样的金融企业纷纷自称是科技公司的原因。金融的发展方向和未来一定是科技公司成为主流。

滴滴作为一家科技公司，平台整体服务人数超过 5.5 亿，在这背后留下了海量数据。对这些数据进行挖掘能够挖出许多财富，其中就包括金融价值。

当然，仅仅有数据还不够，获取信用状况必须依靠云计算、AI 等技术对数据进行分析。获取信用数据以后，还要通过 AI 技术进行个性化、精准化的营销。AI 的算法、算力及大数据三个核心技术能力都可以在获取信用数据上淋漓尽致地发挥。

从业务的微观方面来看，AI 技术在分析数据的成本和效率方面有明显优势，从而为网约车金融产品的发展提供更大的想象空间。

这才是滴滴等科技巨头有底气进入金融业的根本原因。

小米、金山打造互联网银行

AI 金融是金融业的发展方向，拥抱 AI 金融必须紧紧围绕 AI 的三要素：大数据、算法和算力。拥有这三要素的企业都是互联网企业，这些技术又都不是独立的环节，不是一个企业能独立完成的，需要的是线上金融的完整生态链。这个生态链关乎新金融的未来，关乎传统金融的转型。

从已经面世的科技金融公司来看，智能金融生态链并不明显。比如，阿里巴巴的网商银行，腾讯的微众银行等，都是上下游资源通吃模式，即大数据、云计算和人工智能技术都是自己的。这就不叫生态，而叫作大而全、自产自销。

AI 金融生态链应该是怎样的？2019 年 4 月 10 日，金山云、小米金融、新网银行在北京签署战略合作协议。根据协议，三方将建立密切的战略合作伙伴关系，加强在金融科技等领域的合作，以普惠金融为导向，共同创建金融科技新生态。

新网银行，全称是四川新网银行，于 2016 年年底成立。新网银行的定位为新一代互联网银行，致力于通过互联网技术为广大消费者和小微企业提供定制化的金融服务。这意味着新网银行成为继腾讯微众银行、阿里网商银行之后的全国第三家、中西部首家互联网银行。这里面有一个很大的问题：微众银行和网商银行分别是基于腾讯和阿里巴巴互联网巨头平台成立的互联网银行，已经有了线上大数据积累和云计算能力，进军金融业水到渠成。新网银行为什么被称作互联网银行呢？监管部门又是怎样审批的呢？

新网银行的三大股东分别是：新希望集团、小米集团、红旗连锁，其中能够与互联网沾上边的是小米集团，难道小米科技就是新网银行的互联网基因吗？事实证明确实如此。

北京小米科技有限责任公司(以下简称小米)成立于 2010 年 4 月，是一家专注于高端智能手机、互联网电视及智能家居生态链建设的创新型科技企业。2015 年 5 月，小米金融正式上线，作为小米集团旗下的金融服务平台，小米金融主要包括互联网小贷、移动支付、互联网理财、互联网保险、供应链金融、金融科技及海外板块等。

签署协议前，金山云、小米金融、新网银行三方合作由来已久。

金山云成立于 2012 年，已对外提供适用于政务、金融、制造、医疗、交通、教育、能源、传媒、视频、游戏等企业级市场的云服务解决方案。金融行业将是金山云未来突破企业级市场的主赛道之一。人工智能专家李开复预言，AI 将会率先在金融领域取得大突破。金山云区块链技术服务平台(Kingsoft Blockchain as a Service，KBaaS)产品的技术能力与小米金融供应链系统相结合，共同构建金融联盟链，帮助客户快速构建资金和资产对接的数字化平台，解决中小企业融资难、融资贵的问题。在银行侧，金融联盟链能够帮助银行等金融机构扩大客源，降低获客成本，加强金融机构对普惠金融重点领域的支持。从这个意义看，三者合作已经涉猎 AI 金融中更深度的区块链金融领域。

三方合作，展现了 AI 金融的一个完整生态链：小米提供金融交易线上大数据；小米金融扮演新渠道、新场景的角色定位；金山云则是 AI、云计算新技术赋能的定位。这些新技术、新场景、新应用最终在新网银行集成，面向客户提供业务和产品。

三者联姻,给传统金融转型的最大启示是,不仅腾讯和阿里巴巴可以创办互联网银行,没有线上平台优势的小米,也可以通过构建 AI 金融生态链,快速向新金融转型。

字节跳动进军数字支付领域

以 AI 等为核心技术支撑的数字化金融,全部是由互联网、移动互联网企业发起创立和推进的。这些 IT 企业经过快速发展,在线上积累了浩瀚的大数据,并通过引入高端人才拥有很强的云计算实力,这为科技金融奠定了坚实的基础。

前有 BAT(百度、阿里巴巴和腾讯)后有 TMD(今日头条、美团和滴滴),站在数字化金融的角度来看,它们共同的优势是拥有大数据、云计算和人工智能等技术实力。如果细分金融应用场景的话,阿里巴巴最适合进军科技金融、AI 金融;美团和滴滴都有金融服务落地的用户群;百度经过多年历练,也拥有了一批金融需求者。

社交媒体网络平台同样可以涉足金融。腾讯这几年将金融做得风生水起,比如微粒贷和微信支付。不过,对社交媒体网络做科技金融持怀疑态度的人还有不少。一个主要原因是社交媒体平台没有直接落地交易的金融服务对象。这个观念其实不对,因为一切经济现象都是围绕人的,只要有"人"这个因素,什么奇迹都可以创造出来。

传统金融机构仅持一张牌照，什么都没有就可以对外营业，最后也能拥有那么大的客户群，社交媒体网络平台有用户，就更有条件做金融了。

当然，社交网络做金融的切入口应该是个人零售线上业务，针对个人家庭的线上小额金融需求、网络支付、理财、投资等。

AI 在社交媒体应用中主要针对个人金融资源配置的深度挖掘。英国剑桥分析公司在获取 Facebook 的 5000 万客户信息后，进行了深度分析挖掘，其中一个小细节引起了笔者的关注：剑桥公司针对粉丝在 Facebook 上的点赞进行深度挖掘，可以分析出这个人在童年时心灵是否受到过创伤，进而得出其政治倾向如何的结论，最终采取具有针对性、个性化的策略来影响他的投票。这项研究的背后有两个"核武器"——云计算能力和 AI 科技工具。这些都完全可以应用到金融之中，用来分析金融交易对象的信用程度、履约记录以及思想倾向，进而得出信用结论。

Facebook 已经开始进军金融行业，推特对进军金融业也是磨刀霍霍。

在中国，字节跳动也开始向金融领域进发。不过有分析说，美团可以从中小商户切入信贷业务（美团小贷），也可以在其消费场景中推出借钱、分期、买单、延期订单等一系列个人消费信贷服务（美团生活费）；滴滴可以面向车主和乘客，率先从汽车金融维度切入，推出车贷、车险等相关产品（滴水贷、点滴相互）。相比之下，主攻信息流和短视频的头条系产品，似乎缺少了线下场景和衍生的强金融需求。

但在笔者看来，今日头条母公司字节跳动的产品矩阵已囊括近 20 款手机

App，涉足领域不断扩张。从活跃用户数、新增用户数、用户使用时长等多项数据来看，以抖音为首的头条系短视频应用已经影响到了微信、微博等主流社交应用的地位。字节跳动方面透露，截至 2018 年 10 月，抖音国内日活跃用户（DAU）已经突破 2 亿，月活跃用户已经突破 4 亿。

加上微头条、头条文章等平台，以及最早将算法引入推送的技术能力，可以说，大数据、云计算、AI、算法和算力，字节跳动都具备了。

字节跳动进军数字化金融，万事俱备，只欠东风了！

360 金融实现超低欺诈亏损率

经济学界关于金融本质的认知分歧很大。笔者认为金融的本质在于信用，而有些人则认为金融本质在于风险控制，其实两者并不矛盾。如果能够获取交易对手的信用状况，金融交易风险就会大大降低。反之，如果对金融交易对手的信用状况一无所知，那么金融交易的风险就不可控。

如何能够清楚获取金融交易对手的信用，进而控制和降低金融风险，是全世界金融机构及专家人士都孜孜以求的。

过去的线下经济很难实现对信用的准确识别和分析。一是金融交易对手提供的数据资料是静态的、过时的，因为统计报表的日期是滞后的，无法得知当前正在发生运行的数据情况；二是数据的真实性鉴别成本太高，一些交易对手为了获取融资，提供假数据、假资料，导致分析鉴别都很难；三是传统信用获取往往是融入资金方，比如借款企业向贷款的金融机构提供的，也即借款企业提供什么，贷款金融机构就分析什么，贷出资金的金融机构处在被动接受地位。这就决定了线下很难准确获取信用状况，就很难控制金融风险。

互联网特别是移动互联网发展起来以后，云计算和人工智能横空出世，金融业变天了，信用获取发生了本质性变化，金融风险控制能力得到前所未有的提高。

企业联网以后，留下的数据是可挖掘、可分析、可追溯的。而且这些数据从生产、流通、销售、库存、现金流、存量流量财务状况等方面来看是全面而完整的。更重要的是融出资金的金融企业在线上利用云计算和 AI，可以自己挖掘分析获取融入资金企业的信用状况，不需要借入资金者提供任何东西，融出资金的金融机构是主动的。

在风险防控上，融资贷款欺诈是金融风险之一。

360 金融实现了 0.2% 的欺诈亏损率，比银行业整体的 0.4% 还要低。这其中除了 360 本身就是以网络安全事业起家的原因外，主要还是依靠大数据、云计算和人工智能作为强大的技术后盾。360 金融最核心的竞争优势在于同时具备用户、数据、技术，这样的条件在金融科技公司反欺诈方面是屈指可数的。其中 AI 技术是最核心的技术。360 集团将 10 亿多台设备连接起来，有 5 亿多的月活客户数据，借助这些优势，360 金融可以做深度的数据挖掘，目前已积累了千万级别的黑名单库和数亿的白名单库。

近一两年来,无监督机器学习技术越来越受到业界重视,360 金融拥有一批人工智能算法专家。据了解,相比此前常用的有监督机器学习,无监督机器学习的突出优势在于:可以找到互联网线上欺诈大规模复制行为背后的相关性,然后进行聚类,能有效应对互联网团伙欺诈。

简单来说,有监督机器学习帮我们找已知风险,无监督机器学习帮我们找未知风险。在如今互联网和新技术场景下,线上欺诈手段形式多变且进化速度很快,这种情况下无监督机器学习具有非常独特的优势,这就是 360 金融防欺诈风险的秘密武器。

京东金融的"数字化"转向

遭到新科技"入侵"的领域有一个特点,就是往往几十年的积累,会在一瞬间坍塌。柯达胶卷、诺基亚手机、摩托罗拉手机的没落都是深刻的教训。

新经济、新科技、新金融的命脉在于不断创新,它们也时时刻刻被创新产品倒逼着进步。永远没有谁可以陶醉于一时的垄断,只要整个社会的创新没有枯竭,企业的危机感就永远存在。如今,传统电商平台也在不知不觉中沦为了传统销售手段,而社交电商、内容电商等新形式正在颠覆传统电商。

传统金融被互联网金融颠覆的同时,金融科技又登场了;在大数据金融、人工智能金融尚没有真正落地出效益之时,区块链金融又横空出世,将彻底颠覆中心化金融。

金融市场的变化就是这样快,发展就是这样迅速。在笔者最熟知的金融领域,多年来大浪淘沙、风起云涌,多少金融机构昙花一现,诞生得有多快,消亡得就有多快。

2013年是互联网金融元年,当时诞生的金融机构到今天都已经开始面临挑战与转型了。笔者发现,京东金融的转型令人眼前一亮,堪称独辟蹊径、独树一帜。京东金融到底是往哪里转型呢?

京东金融转向了"数字科技公司",笔者认为更加准确的表述应该是转为数字金融科技公司。其核心商业模式是通过B2B2C的方式为金融机构提供企业级服务,助力金融机构降低成本、提高效率、增加收入,实现战略升级。可以看出,京东金融将不再以扩张资产负债表为盈利模式,而是专注于场景、获客、运营、风控、交易和系统服务,赚技术服务的钱。如果说央行是银行的银行,那么京东数字科技(其前身是京东金融)将成为银行等金融机构的数据科技银行。京东金融转型的模式是先用数据和技术去解决金融的问题,然后带着场景和客户,把这些创新金融业务还给金融机构,让金融回归金融,让科技回归科技。

京东的数字金融科技模式,核心包括两大部分:一是利用京东平台积累的客户大数据,为金融机构提供客户信用挖掘等服务,以提高金融机构在信用业务拓展中的风险控制能力;二是京东金融利用自身的科技优势,特别是数据挖掘技术和人工智能技术,帮助金融机构挖掘自身积累的交易数据价值,包括分析客户金融需求倾向、趋势,帮助金融机构挖掘自身线上线下客户数据,使金融机构数字利用效率最大化。

京东数字科技 CEO 陈生强对 B2B2C 的解释更加准确:第一个 B 是京东金融,中间那个 B 是金融机构,京东金融是帮助金融机构去做金融业务。中间那个 B 也可以是政府、企业,最后的 C 可以是小 B,也可以是直接消费者(小 C)。

在逻辑层面,京东金融从 1.0 到 2.0 时代的转变,是从一个服务 C 端、服务最终客户的企业,转变成一个做企业服务的企业。于是,B2B2C 模式的盈利方式,就从资产方式获利变成服务方式获利,从自己做金融变成帮别人做金融。因此,京东金融未来会把资产和资金等一系列金融业务全部往金融机构转移,包括白条、京保贝、京小贷等,由金融机构直接去做资产、资金及用户运营,或者京东金融帮金融机构在它的基础上去做资产、资金及用户的运营,京东金融本身则不再持有这些资产。

从银行的角度来看,当传统银行进行数字化转型时,由于用户数据丰富度的不足,银行系科技金融公司在用户画像精准度上明显不如互联网系对手。另外对银行而言,最主要的问题还不在技术层面,而在思想观念上。从本质上说,新金融与传统金融不是同一个东西。在转型中,传统银行不自觉地就会用传统金融思维来设计定位新金融,没有互联网企业的介入,传统银行很难实现思维转型。

京东数字科技能为传统银行做什么呢?它可以为金融机构提供从金融

云平台，到数字化转型，再到场景对接的立体化解决方案，不仅能帮助银行搭建一个高效、安全、合规的私有云平台，还能帮助银行建立起技术中台、数据中台和业务中台，以及面向场景的 Open API（开放应用编程接口）平台。京东数科将其概括为一个很有意思的名称："一朵云＋三大中台＋开放平台"架构，可以实现根据银行的实际需求灵活解耦，模块化输出，让银行可以将技术服务柔性组合，真正实现"自主可控"的技术应用。

在过去几年间，京东数字科技以"组件化"输出，累计服务了 700 多家各类金融机构。以"零售信贷整体解决方案"为例，截至 2018 年 11 月，这一方案已经服务了超过 100 家金融机构，已上线的机构达到 40 家以上，产生的信贷资产规模超过百亿元。潍坊银行就利用这一套解决方案，在短短两个月内搭建了一整套零售信贷核心业务系统，具备了开展互联网信贷业务所需的自主风险管控能力。

当然，京东数科不做一锤子买卖，而是在程序上线之后，整合京东生态内的账户、营销、会员等多种资源，帮助银行降低对多个终端维护运营的成本，给银行客户带来更好的体验，增加用户黏性。

目前，银行业数字化转型开始起步，金融科技与银行合作是转型的关键，关系着金融供给侧改革的持续深入程度。"开放银行"是大势所趋，也离我们越来越近，金融科技与银行的合作进入更深层合作的机遇期。已经先人一步、完成自身转型的京东数科，必将在与银行共建"开放银行"新生态中大显身手！

富士康投资区块链支付平台

近两年,全球区块链技术的研究如火如荼,投资区块链技术的公司越来越多。制造业巨头、郭台铭掌门的富士康公司也加入投资区块链支付平台的行列中了。

获得富士康投资的是美国的 Abra 公司,这是一家以区块链技术为基础,提供 P2P 移动支付服务的硅谷初创公司。2017 年 10 月 23 日,Abra 公开表示获得了 1600 万美元总额的 B 轮融资,其中中国制造业巨擘富士康作为投资方赫然在列。此前,Abra 累计融资额已逾 3000 万美元。除富士康外,本轮融资还新增了 Silver8 资本和 Ignia 两家资方;此前 Abra 还获得了 Arbor 风投、美国运通、Jungle 风投、Lehrer Hippeau 和 RRE 提供的种子/A 轮融资。

可以看到,有前瞻性的战略投资公司都对这类"黑科技"非常热衷。笔者此前说过,区块链技术一定会成为工业 4.0 时代的核心技术。区块链技术不仅可以应用在比特币等加密数字货币领域和金融领域,而且可以应用在几乎所有领域。区块链技术的一大特征是颠覆中心化、中介化,而人类社会沿袭下来的中心化、中介化的东西太多了。

社会对区块链技术产生过误会、不解,从而进行打压,恰恰证明这些东西太新了,新到大多数人根本认识不清,就连经济学家郎咸平都竭力反对这些技术。同时，区块链技术的应用方向究竟是什么？它看得见、摸得着的实用价值究竟在哪里？很多人觉得目前还不够清晰、不够明了。

可喜的是，富士康投资的比特币初创公司 Abra，已经找到了比特币及区块链技术在制造业上的应用路径。该公司 CEO 称，随着搭载物联网微芯片的智能家电进入千家万户，制造业企业将通过比特币支付渠道，实现家用电器"随付随用"的电子分期租赁使用形式。

怎么讲呢？以 Abra 平台上所提供的服务为例，可以使用比特币在安装有该公司手机 App 的任意两台智能设备上进行现金转账，无须开设银行账户。这一交易原理是通过持有比特币的"Abra 掮客"，实时进行电子—实体间的现金买卖交易，实现 P2P 支付。富士康入股 Abra 后，就打开了通向 B2C 金融服务行业的大门。

如果一个公司要把一件硬件产品送到世界各个角落的客户手中，又想要尽力回避外汇兑换和当地监管带来的风险，最好的办法就是找到一种全球通用的支付媒介。

畅想一下，以后人们可能不再需要全款付现购买冰箱、电视机等大件家用电器，而是通过区块链技术，鼓励消费者通过租赁使用这些家电，在需要使用电器时，到区块链平台上"一站式"分期缴纳租金，就能立即享受家电的各项功能。

若这样的设想可以实现，区块链技术将给家电等制造业带来翻天覆地的变化。制造业公司可以通过提供金融服务来赚钱，而不仅仅是从硬件制造和销售上赚取利润。无数研发比特币及区块链技术的公司,将通过向消费者提供信贷服务,带来"金融融合"的新时代。这将给现有金融行业带来根本性挑战。

比特币特别是区块链技术的实用路径已经越来越清晰明了。思想观念一旦被突破,区块链技术就将彻底改变全球经济形态,当然,首先要应对革命性变化的就是金融业。

第二节
海外科技巨头集体转向金融

　　海外也掀起了科技巨头进入金融行业的潮流。亚马逊正在推出自己的合作银行和支付业务；苹果的虚拟信用卡已经横空出世；谷歌在 AI 领域最具实力，谷歌智能金融已经全面铺开；Facebook 也开启了与银行的合作。

　　金融的本质决定了互联网公司拥有的大数据为挖掘交易主体的信用状况提供了难得的基础。只要掌握了每一个经济人的信用状况，就掌握了做好金融业务的最大优势。而这种优势如果不加以利用，就是巨大的资源浪费。

亚马逊大规模进军金融业

　　2018 年，亚马逊开始大规模向金融业进军，这是亚马逊的一个大转变。此前，笔者在对比亚马逊与阿里巴巴的优劣势时指出，亚马逊缺少了金融这一块。而当时，阿里巴巴的蚂蚁金服已经是全球最大的互联网金融公司，也开始在人工智能金融领域发力了,未来蚂蚁金服还会瞄准区块链金融。

位列全球八大数据公司的亚马逊与阿里巴巴,最大优势是拥有海量数据,两家公司也具有超级计算能力。金融的本质决定了互联网公司拥有的大数据为挖掘交易主体的信用状况提供了难得的基础。只要掌握了每一个经济人的信用状况,就掌握了做好金融业务的最大优势。而这种优势必须被充分挖掘和利用起来,否则就是巨大的资源浪费。

美国大数据公司比中国多,但美国在将大数据应用于金融领域的程度远远不及中国。中国的科技巨头几乎都在发展互联网金融业务,而美国的苹果、谷歌、Facebook、微软、亚马逊在数据资源拥有量上超过中国,在金融领域的开发却不及中国。特别是在征信、信用挖掘、信用分析与评估上,美国与中国还存在较大差距。

亚马逊拥有商业零售交易的海量线上数据,亚马逊的云业务目前居于全球第一。既拥有数据,又拥有强大的计算能力,就等于拥有了做金融特别是金融信用的重要基础与强大优势。长期以来,亚马逊浪费了这些资源,实在是可惜。

当然,亚马逊现在开始做金融并不算晚。

不过,亚马逊要从更高的起点定位公司角色,最好把亚马逊定位为一家提供基础数据的公司。亚马逊应该打破目前的电商模式,着重打造电商平台,使企业与消费者都在平台进行交易,这样平台上积累的大数据就不仅是消费者,还有生产者,得到的数据就会更加全面。

　　亚马逊还准备与美林银行就放贷业务进行合作。与传统银行合作也是一条路，传统银行有资金优势，亚马逊有数据优势，两者结合能更好地掌握借款者的信用状况。不过，目前还没有传统银行与互联网巨头合作搞金融成功的例子，关键在于两种企业思维差距太大，传统银行的金融概念与互联网思维下的金融不一样，拿传统金融思维很难做成互联网金融业务。

　　亚马逊需要思考自己的互联网金融体系，最好在建立自己的互联网金融业务公司后再与传统银行合作。据 CNBC（Consumer News and Business Channel，美国消费者新闻与商业频道）报道，亚马逊就贷款计划与美银美林达成合作。与银行合作后，亚马逊将可降低其为贷款项目而承担的风险，并获取资本为更多商家提供信贷。2017 年 11 月，亚马逊开始推广其贷款计划，这是该计划实施数年来的首次推广，2011 年年初，亚马逊推出了亚马逊贷款计划"Amazon Lending"。2017 年 6 月，亚马逊称过去 12 个月一共发放了超过10 亿美元的贷款，而此前 4 年的贷款总额只有 15 亿美元。2018 年 3 月，《华尔街日报》和美国彭博社均报道，亚马逊与 JP 摩根、Capital One 合作，计划推出类似"活期存款账户"的业务以吸引年轻用户。

　　亚马逊应该立足于建立全牌照的互联网金融体系，包括放贷业务、理财产品、移动支付业务、各类金融代理业务等，还应该尽快进入人工智能金融领域和区块链金融领域。

亚马逊或将成立全球最大的数字货币交易所

2018年年初,亚马逊注册了三个与数字货币相关的域名,亚马逊注册绑定的三个与数字货币相关的域名分别是:amazonethereum.com,amazoncryptocurrency.com 和 amazoncryptocurrencies.com。媒体和金融机构猜测,亚马逊可能很快会接受以数字货币进行支付的交易方式。更大的脑洞来自GeoInvesting(一家美国做空机构)的创始人马吉·苏伊丹(Maj Soueidan),他认为亚马逊有意成为全球最大的数字货币交易所。

亚马逊随即否认了这个说法。亚马逊支付公司副总裁帕特里克·高蒂尔(Patrick Gauthier)对 CNBC 澄清,此举是为了保护亚马逊品牌免受侵权。不过,金融分析人士却不依不饶,马吉·苏伊丹认为,如果仅仅是为了接受数字货币支付,没有必要注册这样的域名,所以他认为背后肯定有更大的"局"。

笔者认为,亚马逊应该尝试建立全球最大的数字货币交易所。亚马逊作为电商平台,电商业务是其主业,而其最具成长性的业务是云计算。也就是说,亚马逊业务的两大翼——电子商务平台和云计算业务,都与阿里巴巴存在直接的竞争。

2018年,阿里巴巴提出线下线上融合的新零售,亚马逊却在大举收购线下实体店;阿里巴巴开拓无人便利店,亚马逊已经抢先一步开业;在云计算领域，阿里云与亚马逊云服务也在暗中较劲。

亚马逊非常明白自己比阿里巴巴缺失了一大块，那就是金融。看着蚂蚁金服做得风生水起，亚马逊虽然多次表示不介入金融，但暗中却在悄悄地布局，寻求突破口。亚马逊这么大的线上平台如果不做金融的话，那么多的数据就浪费了。

在笔者看来，全球八大互联网科技巨头（苹果公司、Facebook、微软、亚马逊、谷歌、阿里巴巴、腾讯、百度）都应该做金融，不然就会浪费线上积累的数据。

亚马逊一直在寻找突破口。从传统金融上着手，亚马逊没有优势；从互联网金融、科技金融着手，是一个好选择。突破口在哪里？亚马逊看中了加密数字货币。

一方面，亚马逊可以利用自己海量的数据与客户的优势，来建立加密数字货币交易平台；另一方面，可以适当持有数字货币来获得交易回报。最重要的是，亚马逊可以由此介入区块链的研究之中。由此，亚马逊将在金融行业最具发展潜力的领域占据一席之地，凭借亚马逊的技术实力，相信它会取得成功。

如果亚马逊建立加密数字货币交易所，专家们算了一笔账：未来比特币每日交易量将达到 1.75 万亿美元（这一预测本身也非常大胆，将比特币价格目标设定在 10 万美元/枚），按照比特币交易平台 Coinbase 收取的 1.49％手续费来计算，亚马逊作为"全球最大数字货币交易所"能赚取高额的手续费，这还没有计算比特币升值带来的巨额收益。

因此,笔者认为亚马逊进军数字货币领域的可能性非常大,亚马逊据此占领科技金融制高点的图谋非常明显。

Apple Card 会带来移动信用的"鲇鱼效应"吗?

2019 年 3 月 26 日,苹果的春季新品发布会没有发布终端硬件设备,令"果粉"们很失望。软件及其他产品成为发布会的主角,很多人把这视为库克力主苹果转型的前奏与预演。

库克早就提出苹果要转型,就要克服过度依赖硬件盈利的经营模式,要依靠高端服务来赚取利润。库克要在服务上下功夫的意图,通过这次发布会可以看出端倪。

继影响用户的操作习惯后,苹果在用户的资讯获取渠道上发力了。本次发布会上,苹果第一个推介的新服务项目便是新闻服务:将杂志订阅服务纳入 Apple News＋,月订阅费用为 9.99 美元。苹果主攻资讯获取渠道的变现能力,潜力不大。因为目前人们获取信息的渠道太多了,在一个资讯爆炸的时代,依靠提供咨询收取渠道费用,不太实际。

苹果还为 Apple TV Channels 服务推出了全新的 Apple TV App。使用这项服务,用户可以在 Apple TV 买或租电影,该手机应用将包含亚马逊 Prime Video 的内容。随着 5G 时代的到来,视频业务潜力很大,苹果公司此时介入视频业务可谓正当其时。

笔者最看好的还是流媒体业务。Apple Music 的内容服务为苹果的流媒体内容生态打下了坚实的用户基础。如今，苹果将新闻、影视等内容纳入订阅机制，也反映出了苹果在流媒体生态上的野心。

有机构预计，在 2022 年至 2024 年间，苹果流媒体视频服务的用户数量将达到 1 亿，每年有望为苹果带来额外 70 亿美元至 100 亿美元的营收。苹果公司前几年就开始抓流媒体业务，市场把握非常准确。

未来，苹果公司三大收入支柱或许将是：硬件、流媒体、金融。这次发布会上金融方面有一个重磅项目，即推出 Apple Card。

此前，苹果公司已经宣布与高盛合作推出信用卡，发卡机构是万事达。这一产品的亮点在于其"开卡"的便利性，有苹果移动终端客户庞大的优势。

前几年，苹果公司与中国内地多家银行合作推出 Apple Pay，与笔者预测的一样，Apple Pay 不是支付宝、微信的竞争对手。那么，这一次 Apple Card 会是怎样的结局呢？会在移动信用市场带来"鲶鱼效应"吗？

首先，我们要分析清楚 Apple Card 的几大优势：从便利性上来说，用户使用 iPhone 就可以注册，只需一分钟就可以拿到一张虚拟信用卡。从使用角度来看，Apple Card 可以显示消费商家的详细信息，包括地理位置、消费金额和消费种类，并对用户的消费行为进行分类统计，给出消费趋势和习惯报告。从还款便利性分析，在还款时，Apple Card 能帮用户计算真实消费的费用。

此外,苹果还推出了名为每日返现(Daily Cash)的优惠机制,用户每笔消费都可获得返现。每日返现比例为消费金额的 2%,购买苹果产品和服务可返现 3%,两者皆无上限。

从费用价格上看,Apple Card 承诺免逾期费、免年费、免超限费、免跨境支付费。

从合作伙伴优势来看,它的合作银行为高盛,发卡机构为万事达。两大机构帮助苹果把虚拟信用卡推向全球再合适不过,而且美国银行业是引领信用卡潮头的,在信用卡玩法上做足文章不成问题。

在隐私和安全方面,每张 Apple Card 都有独立的安全卡号,它被储存在手机本地芯片中,还提供动态验证码进行双重保护。安全问题上,苹果公司的技术绝对能够保障安全。

虚拟移动信用卡是信用卡业务的未来趋势,对企业而言,利用大数据、云计算、AI 等技术挖掘和评估信用卡客户的信用状况是关键。

Facebook 与美国大型银行合作整合用户财务信息

2018 年 8 月,有消息称 Facebook 正与美国几家大银行谈判,想在其社交信息应用 Messenger 上整合银行用户的财务信息,方便联系银行客服、提供欺诈警报和余额追踪服务。虽然银行对隐私有所顾虑,但华尔街看重的 Messenger 用户参与度或许可以得到提高,2018 年 8 月 6 日,Facebook 股价收涨 4.5%。

从股价上涨看，市场是看好 Facebook 与银行联合打通数据的。但 Facebook 刚刚经历客户信息泄露事件，现在又要与摩根大通、富国银行、花旗集团及 U. S. Bancorp 合作，以期在 Messenger 上直接显示银行用户的支票账户余额信息，提供欺诈警报、帮助用户追踪账户余额等服务。客户的财务数据是个人隐私，信息安全问题缠身的 Facebook 要获取这些数据，可能吗？银行愿意吗？客户同意吗？

银行确实有顾虑。银行担心客户重要的财务信息被泄露，犹豫要不要将数据分享给 Facebook 这样的第三方平台。不过，传统银行在新金融面前已经显得不堪一击，向数据化转型是其唯一出路。银行转型的路径并不多，借助大型互联网平台是最佳选择。银行与 Facebook 合作，能利用后者的流量资源，提升银行业在电子商务中的市场份额。

过去几年，Facebook 与美国运通、万事达卡和 PayPal 都建立了合作关系，Facebook Messenger 的用户可以在应用中联系到上述信用卡或支付机构的官方客服，并利用这些机构自主研发的工具或数字钱包，在 Messenger 内部实现对商家或个人的转账服务。

这次与银行的谈判，Facebook 想要获取银行客户信息，包括借记卡/信用卡交易记录、支票账户余额等，想要借此提高 Messenger 上的用户参与度，吸引用户花费更多时间使用 Messenger，同时这也能帮助美国大型银行实现数字化转型。

对于人们普遍担心的信息泄露问题，Facebook 明确表示，不会利用银行或信用卡公司提供的数据进行定向广告业务。

银行打通社交网络、电商平台、搜索引擎等平台的数据是大势所趋。

美国科技巨头杀入印度移动支付

在移动支付上，美国科技巨头们全面输给了中国。作为现代 IT 技术发源地的美国是不会善罢甘休的，一定会伺机反扑。

在中国，美国的科技公司想从支付宝、微信口中夺取移动支付客户是非常困难的。于是，不甘心"失败"的美国科技巨头把眼睛转向了世界第二大人口国家——印度。

据新华社报道，美国创投研究机构 CB 风险投资公司发布报告，称美国企业谷歌、亚马逊和 Facebook 等科技巨头先后进军印度移动支付市场，并与先行进入者的阿里巴巴展开正面竞争。

印度在推行移动支付上迎来了千载难逢的机会。自印度 2016 年实施"废钞令"以来，市场普遍认为，由于市面上流通的大钞变少，改用手机电子钱包、银行卡支付的民众变多，在无形中推动了印度移动支付的发展。印度政府在金融科技领域做出了许多努力，除了发给多家金融机构支付牌照外，也推出了"统一支付"系统，让拥有银行账户的人可以进行转账。

印度移动支付市场潜力巨大。普华永道预测，2016 年印度移动支付市场规模为 500 亿美元,到 2020 年将进一步成长至 5000 亿美元。相比其他市场,印度有足够的空间提供给支付平台们竞争。

谷歌于 2017 年 9 月进军印度移动支付市场,推出同时支持安卓和 iOS 系统的移动支付应用 Tez,并与印度国家银行、住房开发金融公司银行、印度工业信贷投资银行等几家大型银行进行了合作。Tez 上线后,已成功被 PayU 等当地支付网营运商和交通预订服务 redBus 等网站采用。

Facebook、亚马逊更早先一步,前者旗下的通信软件 WhatsApp 进军印度的电子支付市场;后者则在 2017 年 7 月推出半封闭式电子钱包,不仅支持线上支付,还拥有储蓄和支付功能。亚马逊的电子钱包除了能在亚马逊印度网站使用外,还可在特定的线下咖啡连锁店和快餐店使用。

印度三大移动支付平台分别为 Paytm、Freecharge 和 Mobikwik。其中,有"印度支付宝"之称的 Paytm,背后金主就有阿里巴巴,目前 Paytm 已经拥有超过 2.25 亿个客户。

对于刚刚起步的印度移动支付市场,阿里巴巴入股的 Paytm 公司已经拥有了 2 亿多客户,规模经济效应已经开始显现,美国科技巨头试图从印度突破逆袭移动支付市场,看来困难仍然不小。

从软银投资方向看 AI 金融发展

风投和股权投资基金对行业企业发展最为敏感,风投趋之若鹜的领域基本上行业领域发展前景良好。当然,也不是所有的风投眼光都那么敏锐和犀利,也不是所有的风投项目都是成功的。成功的风投企业才是指引行业领域发展方向的领袖级企业,软银当之无愧属于这类企业。

软银投资阿里巴巴取得全胜战绩已成为投资界的佳话。有报道说,软银截至目前投资的网络新经济公司有将近 200 家。同时,软银与沙特财富基金共同出资的支持创新类企业发展的远景基金运行效果也很不错。软银的眼光非常独到,最让笔者感慨的是软银在 2015 年就曾投资英国芯片公司 ARM。该公司是做芯片构架产品的,目前全球 90％的企业使用的都是 ARM 的专利和产品。

软银一直看好金融科技、AI 金融领域。近几年,除了与支付宝在一些领域继续合作外,软银在日本境内也发展了自己独立的智能支付系统。软银集团在 2018 年年底还和印度初创公司 Paytm 合作,在日本启动了移动数字支付业务,这一服务广泛使用人工智能技术。在此之前,软银已对 Paytm 进行了多轮投资,成为后者的主要股东之一。

软银还将目标瞄准了南美洲。2019 年 3 月软银声称,已启动一只 50 亿美元的创新基金,用于投资拉丁美洲地区的科技公司,重点关注与软银现有投资相同的行业,包括电子商务、金融科技、医疗保健、移动技术等。

紧接着,软银集团参与了墨西哥支付创业公司 Clip 新一轮约 1 亿美元的融资,向后者投资了 2000 万美元。Clip 成立于 2012 年,是一家类似于美国知名支付服务提供商 Square 的支付公司,主要开发移动式信用卡读卡器,帮助智能手机机主进行移动支付。目前，其产品已经覆盖墨西哥当地众多商家，在墨西哥的咖啡馆、街角商店和街头摊贩中推广。

除了 Clip 之外，2019 年 5 月份软银还宣布投资 10 亿美元支持哥伦比亚的快递应用 Rappi。软银方面表示，这家创业公司的快速增长代表了拉美地区的机遇。

目前拉美地区超六成人口没有被主流金融服务覆盖到，这些人没有信用卡、借记卡甚至银行账户。巨大的传统金融服务缺口和高速增长的智能手机普及率，都鼓励着更加移动化的支付选择，各式各样的初创企业应时而生。不过到目前为止，拉美支付市场暂未出现主导玩家，还有较大的布局空间。

软银大力度介入拉美 AI 金融，旨在抓住机遇，成为拉美智能支付市场的主导玩家。

第六章

AI 金融时代，监管的挑战

第一节
监管面临新挑战

互联网、移动互联网、人工智能、大数据、云计算、区块链等技术带来数字化金融发展，也给金融监管带来了一轮又一轮的新挑战。

当今，金融监管面临的挑战与以往截然不同。监管机构通常不懂技术，使理解和评估新的商业模式变得困难；新进入金融领域的科技公司不是传统意义的金融机构，往往游离于监管之外；不力的监管可能会导致风险泛滥，而过度监管又会遏制创新，让监管机构的抉择变得更为艰难。

随着互联网深入生活中的方方面面，大数据时代的隐私保护问题也日益凸显。个人信息如何开发，又应该怎样保护，也考验着监管者的智慧。

AI 金融创新给监管带来的挑战

2019年，联合国一份题为"发展中国家如何创新金融监管"的报告指出，监管机构在监管以科技为动力的金融创新方面还面临五大难题：

（1）监管者通常不是技术专家，这可能使理解和评估创新的商业模式和实践变得困难。

（2）许多新的创新者并不是传统意义上的金融服务提供者，也不一定会受到监管。

（3）传统上，央行和监管机构都不愿承担风险，往往将稳定置于创新之上。然而，创新可以创造机会，同时增强稳定性和包容性。

（4）监管机构通常资源紧张，技术引领的创新带来了额外的挑战。

（5）来自现有金融服务提供商维持现状的压力也可能存在。

这五大难点的核心在于监管机构不理解数字化金融，知识储备都是传统金融体系的内容，导致其往往以传统思维来思考数字化金融、智能化金融，担心金融过度创新会带来不稳定，却不知道创新可以创造机会，创新可以增强金融的稳定性和包容性。

传统金融创新都是在金融制度政策、金融产品上的突破，创新的技术含量并不高。而数字化金融的创新是由技术推进的金融创新，这些技术包括互联网、移动互联网、大数据、云计算、人工智能和区块链。这也是美国一些金融机构纷纷称自己是科技公司的原因。

可以这样说，数字化技术创新的金融与传统金融基本不是一回事，因此才会有"通常现有监管者不是技术专家，这可能使理解和评估创新的商业模式和实践变得困难"的说法。

监管的另一个难点来自于传统金融机构自己不创新,反而要求监管部门打压科技企业的创新。传统金融面对数字化金融的冲击会维护自己的利益,因此"来自现有金融服务提供商维持现状的压力也可能存在"。

面对AI等数字化金融的蓬勃发展,监管该怎么办?联合国报告提到了沙盒监管模式。通过沙盒测试,一方面可以在监管机构的控制下实现小范围内的真实环境测试;另一方面,沙盒测试可以及时发现因限制创新而有损消费者长远利益的监管规定,并在第一时间做出调整。

面对数字化金融对监管的挑战,应对措施究竟在哪里呢?笔者认为,必须在两个大方向上观点明确。

一是有必要成立科技金融监管部门,独立于现有监管机构,监管人员全部来自于数字化金融机构,是懂得AI等科技的数字化金融人员,并且不受传统金融思维定式的束缚。

二是对数字化金融监管要采取大数据、云计算、人工智能新技术。俗话说"一物降一物",数字化金融必须使用数字化金融监管手段来监管。

大数据时代,如何保护隐私?

全球进入互联网时代后,所有社会活动、经济金融交易等都在网络上有迹可循。相对于过去,网络带来的进步是革命性、历史性、颠覆性的。

革命性主要在于,通过对人们在网络上留下的印记进行采集、挖掘、提炼与分析,可以得到有巨大价值的东西。思想支配行动,行动又反映思想。从网络上进行大数据的挖掘、计算和分析,基本就可以推测出这个主体想的是什么、需求何在,就可以细分客户、进行精准营销。其中的商业价值是无限的。

这就是说,大数据是一座大金库。不过,要充分发掘这个大金库,前提是要对网络大数据进行充分的采集、挖掘、整理、甄别、分类、分析。我们在网络上留下的印记都是被分析的对象,这就牵扯到大数据时代一个重要的问题:隐私保护。

2018年年初,用户在查阅自己的支付宝年度账单时被默认勾选"我同意《芝麻服务协议》",此事引起波澜,蚂蚁金服最终回应并道歉了。无论出于什么目的,默认勾选"同意"肯定是不合适的。从这件事的争论中,可以看到一些人确实存在着对大数据在采集使用与隐私保护上的认知不足,需要理性地思考并梳理清楚。

笔者认为,只要在网络上留下了数据,就基本上没有隐私可言,即使在没有网络的时代也是如此。例如:到银行办理存款贷款汇款,到房管所办理房子登记过户,到派出所办理户口入户迁移等都要登记家庭、身份证、电话等基本信息。在网络上同样如此,只要输入过这些数据,你的信息或者隐私就已经不再安全。

当然,在网络时代个人信息与隐私的暴露更加严重。这里一个关键问题必须厘清，网络上积累的大数据不让采集挖掘分析是绝对不行的，这是对大数据金矿的极大浪费。

问题的关键在于怎样使用这些数据，怎样为客户的隐私信息进行保密。保密，是问题的关键所在。

数据不被利用是不可能的。只要有交易，就一定有数据流动。比如，你有贷款信用需求，进行交易就一定会使用你的数据信息。但这些数据不能泄露给第三方，机构应该替客户保护好数据信息。

非金融信用业务也有保护数据信息的问题。你去一个网站注册，或者使用共享单车，都需要输入相关信息数据。提供这些数据信息后，你不能说不让网站使用你的数据信息，注册也是一种交易。关键的问题在于，网站、共享单车在获取客户数据后，一定要为客户保密。

这里还牵扯第三方使用数据应该怎么办的问题。笔者认为，这涉及所有经济体的金融信用数据问题，各大平台包括央行在内都可以共享信用等级数据，目的在于形成一种"有信走遍天下，无信寸步难行"的社会氛围，使有信用者得到好处，无信用者处处受限，这才能形成信用的正向激励机制。

第三方使用其他等级数据，应该通过协议约束征得被采集人的同意。同样，必须有约束条款，第三方也必须给客户数据信息保密。

网络大数据征信不能延缓耽误

2017 年 7 月,参考消息网上的一则消息引起了笔者的注意:由于担心利益冲突,中国政府已缩减了授权科技企业根据消费者的在线活动对其进行"社会信用"评分的计划。这使已经酝酿多年的将网络大数据积累的个人与企业数据作为征信基础数据的工作停滞,问题卡在了监管部门这里。

不能说政府监管部门没有认识到网络大数据征信的重要性。2015 年,央行就挑选了 8 家科技公司开展对消费者进行信用评分的试点项目,目的是通过网络线上大数据获取消费者的信用状况,结合线下征信系统,形成线上线下全覆盖的国家级征信体系,为金融信用交易行为提供交易对象的信用履约状况记录,以减少金融信用违约,从根本上防范金融风险。

政府监管部门原计划到 2020 年推出一个全国性的信用评分系统。

设定这样一个目标是必要的。目前,整个社会经济金融行为由线下转移到线上。人们在互联网上留下了大量可追踪、可挖掘、可分析的数据,其中信用信誉履约等数据弥足珍贵。与线下不同的是,这些数据是实时的,是可利用现代科技进行追踪的。而且,当这些数据往互联网上转移时,也就意味着线下信用数据将越来越残缺不全。如果还死守线下征信方式,必将使信用数据的可信度、可使用程度大大降低。

中国的大型互联网公司的发展日益成熟,使线上的搜索、社交、电商交易三大数据样样俱全。拖延线上征信工作必将耽误全社会的信用体系建设。

监管部门拖延计划的理由是，这些试点项目既监视用户的消费模式，也监视他们的个人行为和社交媒体活动，引发了对于暴露消费者隐私的担忧。还有一个原因是大型互联网公司不愿意合作，携大数据以自重。

这些问题都是可以克服的。对于隐私保护的问题，其实在移动互联网时代人们基本已经没有隐私可言了。大数据时代的重点问题不是不让搜集与分析挖掘数据，而是拥有这些大数据的机构不能乱用滥用，尤其是不能以商业获利为目的买卖数据。

哪些情况可以使用数据呢？一个前提是在有交易诉求的情况下，可以查阅个人征信记录。比如一个自然人与法人有贷款需求，他的信用记录就应该让贷款方彻底了解。人家将上百万元甚至上千万元的贷款发放给你，不了解清楚信用记录怎么行呢？这也是建立大数据信用体系的目的。

监管部门的担忧是：开发这些信用系统的公司也在经营自己的电商和理财业务，且已被证明不愿与竞争对手分享数据，这使为个人建立信用评分系统变得困难。在笔者看来，监管机构以担忧潜在利益冲突为名不发放授权，这种方式是消极的。

美国个人信息产业成为"赚钱机器"的启示

大数据时代出现了一个严重的矛盾：保护个人信息不被泄露与充分挖掘

大数据金矿的矛盾,即保护个人数据隐私与充分发挥个人数据商业价值的矛盾。

2018 年 5 月,美国佛蒙特州通过立法要求所有采集或购买本州居民个人信息的公司必须向州政府申报,该法案于 2019 年 2 月生效。作为全美第一部规范"数据掮客"的立法,该法案首次为世人揭示了完整的个人数据产业链及其背后的"钱景"。

从美国佛蒙特州对个人信息数据渠道及获取手段的描述看,笔者隐约感觉美国比中国还落伍一点点。从金融交易角度获取个人信息,美国主要还是通过信用卡,而中国已经是智能移动支付了。信用卡支付的数据与移动支付完全不是一个时代的东西。移动支付不仅极大地方便了消费者的交易,后台留下的个人数据信息也更加完整和全面。因此,互联网特别是移动互联网留下的数据痕迹,挖掘成本更低,云计算效率最高,数据也最值钱。

中国在获取数据方面不输美国,但在数据的使用挖掘,特别是商业应用上却远远落后于美国。

原因是多方面的,包括云计算能力问题、商业应用的意识问题,也包括大数据开发和利用的束缚较多,监管上过度强调保护而轻视开发。这使得拥有数据的公司不敢充分利用数据,害怕被扣上泄露与侵犯个人隐私的"罪名",拥有数据的互联网巨头更不敢出售数据,使得中国大数据浪费严重。

必须保护好个人数据信息隐私,公开泄露贩卖个人数据信息是犯罪行为,应该坚决打击。同时,又要充分挖掘数据金矿,数据交易市场应该是允许出现的，这与保护个人信息安全并不矛盾。

只要有交易就需要了解交易双方的信用，这时，了解对方的信用状况是合理要求。有需求就会有交易，交易的原则应该是，无论是自己拥有的数据还是购买到的数据，都应该仅限于用来了解交易对手信用、爱好、消费偏好等方面。此外，还必须为客户保密，不能泄露与公开传播，否则就是违法行为。

这方面，美国做得非常好。截至 2019 年 3 月，已经有 121 家采集公民个人信息的公司依法向佛蒙特州政府提出了申报，绝大多数公司都是首次进入公众视野，在此之前它们的运作基本不受法律监督和管理。

令人吃惊的是，它们提供的服务范围相当广泛。其中比较知名的公司有寻人网站 Spokeo①、ZoomInfo②，消费信用报告机构艾可飞（Equifax），数据库营销公司安客诚（Acxiom），全球大型企业软件公司甲骨文（Oracle）等。另外还有一些公司的专业领域是通过数据进行背景调查和身份核实服务。

数据产业的"钱景"非常好。根据数据管理平台 OnAudience 在 2018 年 8 月发布的报告，2018 年全球数据市场营收预计超过 200 亿美元，预测 2019 年将会增长至 260 亿美元，这还只是单纯花在购买数据上的费用。

随着数据"钱景"越来越好，数据公司对于个人数据的抓取和分析也达到了令人惊讶的细致地步。据独立研究机构 Cracked Labs 的报告，数据巨头

---

①　Spokeo：一个人员搜索网站，汇集来自在线和离线资源的数据。

②　ZoomInfo：一家位于马萨诸塞州的基于订阅的软件即服务（SaaS，Software-as-a-Service）公司，向销售、营销和招聘专业人员销售其商业人士和公司信息数据库。

Acxiom 在 2017 年已经能够提供 7 亿人的多达 3000 种属性的信息服务。美国商业杂志《快公司》（*Fast Company*）指出，2018 年，这个数字将达到 25 亿人和 10000 种属性。

从商业角度来看，美国人民的个人数据真是一点儿也没被浪费，中国可以学习美国的地方还有很多。

第二节
新金融带来新机遇

新的科学技术在给传统金融带来挑战的同时，也带来了很多机遇。互联网金融对解决社会融资难问题，起到了很好的推进作用。大量金融创新产品出现，解决了很多中小企业及个人的融资需求。

技术在全球流动，中国金融开放的步伐也面临新的情况。在技术全球化的背景下，金融开放显得尤为重要。在笔者看来，金融开放不仅不会冲击中国金融业，恰恰相反，在新技术新的创新金融以及全球化的背景下，金融开放或许会为化解周期性金融风险提供新的思路。

新金融可以缓解融资难、融资贵问题

2019 年，央行第一次公布降准后，各方议论不断。舆论似乎达成了一个共识，就是 2019 年必须走信用宽松之路，争议的焦点落在了信用宽松之路该如何走这个问题上。

比较盛行的观点有两种:一是央行降准降息,传统银行等金融机构加大支持中小微企业的力度,发展普惠金融;二是放松金融强监管,包括通道业务、理财业务等应该有较大幅度的放松。

然而,以上两个措施都还是在传统金融体系里打转,都还是用传统金融思维在思考当前的问题。几十年来,这种思维方式没有改变,中小微企业融资难融资贵的问题至今没有解决,实践证明了,传统思路是行不通的。

简单回顾一下可以发现,此轮融资难、融资贵问题缘于 2016 年开始的金融强监管,重蹈了"一管就死"的覆辙。说实话,2013 年至 2016 年互联网金融确实有点乱,主要是由于 P2P 网贷的兴起。但同时,我们也必须承认,某些 P2P 也让整个社会的融资问题得到了一定的缓解。

传统金融理财产品、通道业务在互联网金融蓬勃发展带来的巨大冲击下,开始走上了创新之路。在这种情况下,传统金融机构创新产品层出不穷,互联网金融、科技金融产品大量涌现,冲破了传统金融体制的束缚,变相满足了中小微企业对金融资源的需求,朝解决企业融资难、融资贵的目标迈出了一大步。

这个好局面却没能维持太久,我们应该意识到想要解决融资难、融资贵的问题,在传统金融体制里打转是没有出路的,必须依赖冲破现有体制机制的金融创新,必须通过新技术新科技的发展来倒逼金融体制改革。

在金融强监管的现状下,是时候谋划互联网金融、科技金融等新金融的规范发展了。

新金融的路径选择，要以拥有数据的大型互联网公司为主。必须在防范和强调风险责任主体的情况下，放开新金融的发展，比如：在严格管理向公众吸收资金的情况下，可以较大尺度地放开互联网金融的放贷信用市场。这个互联网金融放贷市场的资金来源暂时不能面向大众，而是放贷人自筹资本，最多可以放宽到私募资本程度。

加大扶持大型互联网公司在互联网金融、科技金融上的业务，鼓励其创新金融产品，鼓励阿里巴巴、腾讯等大型互联网公司发展互联网普惠金融。这些拥有数据的平台风控都没有问题，依靠大型互联网公司来解决中小微企业融资难融资贵是最现实、最有效的路径。

金融大幅度开放不会冲击中国金融业

中国经济金融对外开放程度始终引人注目，尤其是金融业的开放程度。一般认为，经济安全中金融安全最重要。金融是一国经济的核心与枢纽，金融稳则经济稳。同时，金融的一大特点是脆弱，再健康的金融机构，一个谣言都可能导致其发生挤兑风险。

因此，在对外开放上，金融开放往往非常慎重，先后次序也排在各项经济开放的后面。

中国的金融开放在20世纪80年代属于第一个阶段，21世纪初期中国加入WTO后属于第二个阶段。此后，中国实质性的金融开放步伐并不快。

但经济决定金融,经济开放到一定程度就必然要求金融随之开放。这几年中国经济开放程度越来越高,对金融开放程度也提出了新要求,金融开放应该紧紧跟上。同时,中国加入 WTO 承诺的金融开放事项与时间表,也一直受到发达国家的诟病,内外诉求都要求中国加大金融开放步伐。

中国已经成为世界第二大经济体,外汇储备第一,是进出口贸易、资本劳务的大国。经过这么多年的改革开放,中国与过去已经不可同日而语,中国抵御各种风险的能力已经很强了,也有底气、有能力应对金融开放后的各种风险,此时推进金融大幅度开放正是时候。

2017 年 11 月,中国决定将单个或多个外国投资者直接或间接投资证券、基金管理、期货公司的投资比例限制放宽至51%,上述措施实施 3 年后,投资比例将不受限制;取消对中资银行和金融资产管理公司的外资单一持股不超过 20%、合计持股不超过 25%的持股比例限制,实施内外一致的银行业股权投资比例规则;3 年后将单个或多个外国投资者投资设立经营人身保险业务的保险公司的投资比例放宽至 51%,5 年后投资比例不受限制。

有人惊呼,这么大力度的开放,国内金融机构必将面临大冲击。真的会这样吗?

以上开放政策涉及证券、基金、期货、银行、资产管理公司、保险公司领域。这里面最不惧怕的就是保险行业,因为中国保险公司是对外开放最早、竞争最充分的金融行业,长期在市场中打拼,早就练就了各种抗击打、抗风险、抵御外来竞争的本领。

新政对证券、基金、期货公司的影响比保险公司大一些。但由于这三个行业竞争也相对充分，也能够承受得了外资进入的影响。

新政对银行和资产管理公司影响最大。中国银行业特别是国有银行开放度太低，竞争并不充分，面对外资涌进，一时间恐怕难以从容应对。

不过，真正对传统金融构成威胁的并不是外资，而是新技术革命下的互联网金融、科技金融、区块链技术金融，这才是传统金融真正应该担心的威胁。

互联网金融对传统金融的冲击是第一波，是浅层次的；科技金融的冲击是第二波，是革命性、颠覆性的，因为大数据、云计算、人工智能将颠覆传统金融的信用体系；区块链金融的冲击是第三波，更将彻底地改变传统金融。

区块链的技术特点是去中心化，传统金融从诞生那天起就是中介化、中心化、媒介化的产物，区块链技术不仅要颠覆传统金融、互联网金融，科技金融在区块链技术面前也将成为传统，也逃脱不掉被颠覆的命运。

互联网金融、科技金融、传统金融正在演绎一场"螳螂扑蝉，黄雀在后"的故事，这才是传统金融要面对的最大威胁。

金融开放有利于化解金融风险

提到金融风险，各个国家都如临大敌。如何化解、应对、消除金融危机是全球面临的共同问题。金融风险，每个国家都不能幸免，越是经济发达的国家，金融风险的周期性越明显。

美国是全球经济最发达的国家,但是美国从建国以来的周期性金融危机至今无法根除。2008年金融危机,影响程度长达10年,至今还有国家未从经济危机的影响中走出来。

为了应对类似2008年的全球性金融危机,在美国等国的倡议下,建立了全球磋商机制——20国集团(G20)首脑会晤。G20已多次召开会议,对全球性金融监管等做出了自律性制度安排,成效是有的。但由于各国自身的利益因素,在一些重大问题上,个别大国考虑自身利益多一些,考虑全球利益少一些,导致一些约束金融风险的措施见效不大,新一轮金融危机正在显露苗头。

中国始终把防范系统性金融风险放在首要位置。从全球来看,2008年金融危机之后,中国由于体制优势,对金融风险的防范是最严格、最周密的。中国的地方债风险、房地产金融风险,以及银行不良贷款风险等几大风险都正在化解,有些已经见到成效。

对于央行货币政策委员会委员黄益平的观点,笔者深表赞同。他说,系统性风险与金融市场不够开放有一定关系。如果金融市场不放开,可投资的资产很少,会导致泡沫;在目前的金融体系中,市场纪律总是无法得到执行,也造成了很多隐性风险,而金融市场的开放可以帮助消除这一隐患。

我不敢下结论说,金融业越开放风险越小,但可以说,金融业不开放风险更大。金融业不够开放,会催生泡沫、带来隐性风险。如果金融市场不放开,可投资的资产很少,过多的资金追逐过少的产品会导致泡沫,在目前的金融体系中,市场纪律总是无法得到执行,也造成了很多隐性风险。如预算软约束、刚性兑付、地方政府和国有企业一些扭曲市场的行为,就是因为没有很好地执行市场的纪律。而金融开放能让资源得到更好的配置,可以帮助我们分散风险。

中国作为经济全球化的受益者,在实现了 40 余年经济后高速增长以后,若要加大中国对全球经济的影响力,帮助中国政治上走进世界舞台中心,需要开放的金融。

目前是金融加速改革与开放的最佳时机。中国经济稳定、物价平稳、外储充足,下一个 5 年又是攻坚阶段,开放型经济力度将加大。这给金融改革开放提供了世纪性的难得机遇。我们应该紧紧抓住这个机遇,全力推进金融开放,让系统性金融风险没有立足之地。

第三节
监管不能让金融创新望而生畏

监管不能走在创新的前面。对中国的金融创新而言,有一个不可忽视的危险,就是监管机构部门突然"变脸"的风险。金融监管政策随意出台,没有一个可预期的监管政策环境与稳定的监管政策预期,可能会导致中国已经处于世界前列的金融创新渐渐失去优势。

监管部门应该采取疏堵并举、以疏为主的方针,给创新最大的包容与理解,给创新最大的市场空间与自由空间,保护好中国在互联网商用创新上的大好局面。

金融监管不是消除一切金融风险

2017 年 11 月,一系列金融监管新规出台。与此同时,金融业加快开放的信号也非常明确。这两个方面可以说一个比一个重要。在肯定两方面协同推进的积极意义的同时,也必须看到其中存在的不足及缺陷。

　　这次系列金融监管措施的出台，其中值得肯定的是，对于金融机构的通道业务强监管是非常正确的；对于金融机构之间相互倒腾、层层嵌套、恶性炒作金融资金的行为进行釜底抽薪的监管是非常及时的。与此同时，几个明显的不足与缺陷也暴露出来。

　　传统思维、传统金融监管方式贯穿于整个监管过程。基本没有新金融思维监管因素，创新型监管思路荡然无存，几乎没有让市场自由出清的市场化监管思路，行政思维、权力思想渗透整个过程，扼杀了金融市场机理，结果会扼杀金融市场活力。这是我们最为担心的。

　　这次出台的资产管理监管办法中明显存在监管跑在创新前面的问题，比如央行发布的资管新规里第二十二条提到智能投顾方面的监管，里面提到的监管内容蜻蜓点水。人工智能金融在全球都尚在摸索与试验阶段，其规律、风险、缺陷、运作程序、准确率等都没有定论。在连实际研发与操作机构都没有搞明白的情况下，监管贸然伸手，必然导致最终监管要么形同虚设，要么把创新遏制在萌芽阶段。

　　监管跑在创新前面必然会遏制创新。过度强调监管，"管"字当头，鼓励创新不足，金融创新调子不高，是这一系列金融监管政策最大的缺陷与遗憾。

　　现有的"一行三会"（中国人民银行、中国银行业监督管理委员会、中国证券监督管理委员会和中国保险监督管理委员会这4家中国的金融监管部门的简称）的所有监管人员都是传统金融领域的，传统金融思维根深蒂固，在它们的监管之下,是难以形成支持金融创新的氛围的。笔者最担心的是,这样的监管会让中国已经处于世界前列的金融创新,渐渐失去优势。一个基本的经济学原理是金融监管如果立足于消除一切金融风险,那是最不经济的。为了消除最后增加的那点边际风险,付出的边际成本将异常之大,甚至会超过消除那99%风险所付出的成本。

金融监管政策稳定、可预期、鼓励创新,任何时候都没有像当下这样重要。捉摸不定的金融监管才是最大的风险,中国正在面临这种风险。笔者经常说这样一个观点,金融业的一个特性是其脆弱性,即使非常健康、经营非常良好的金融机构,都可能因为一个谣言、一个负面消息而产生挤兑风潮,最终走向倒闭。原因在于,金融机构、平台经营的是作为特殊商品的货币,一个负面消息会引发储户本能地、一窝蜂地涌向金融机构提取存款以自保,从而引发挤兑风潮。

对待金融机构,无论是监管部门的监管措施还是媒体的资讯报道,都要小心再小心,谨慎再谨慎。从某种意义上说,中国互联网金融企业已经久经市场的、行政手段监管的摔打,最终还是顶住了,很不容易。

从监管的角度,监管应该采取疏堵并举、以疏为主的方针,否则,必将给地下高利贷留下空间与土壤,甚至逼迫网贷走向风险更大、更隐蔽的地下交易。

要通过大力发展互联网金融,让民间金融变得透明、阳光、公开,这无论从风险识别还是风险控制而言,对中国整个金融业都有百利而无一害。

当然,中国新金融面临的另一种风险必须引起重视,那就是监管机构部门突然"变脸"的风险。金融监管政策随意出台,没有一个可预期的监管政策环境与稳定的监管政策预期,这已经成为中国金融的另一种不该有的风险。

监管不宜过度强调防止假创新、伪创新

监管部门提出了一个概念:坚决禁止脱离实体经济的假创新和伪创新。

这个概念没有多大毛病。不过,笔者想提醒的是,如果"过度"强调这一点,可能就会对中国经济转型亟须的创新带来负面影响。

假创新、伪创新的概念是非常难以界定的。什么是伪创新,什么又是假创新呢?所谓创新,无论是从产业技术层面,还是从制度建设与改革的软科学方面来说,都是在做前人没有做过的事情。创新是未知的,具有不确定性,可能成功也可能失败,风险巨大。这就决定了创新是一个成者为王、败者为寇的事情。人们往往容易理解机器设备生产工具等硬件的创新,而忽略了突破原有生产方式的制度层面的创新;人们往往容易理解看得见、摸得着的生产领域的创新,而容易忽略流通、销售方式及服务业等第三产业的创新。

回顾改革开放40多年来,制度层面与流通销售、服务业层面的创新也很重要。例如安徽凤阳小岗村大包干改革就是突破政策制度的创新。没有这

样的壮举,怎能有后来改革开放的汹涌澎湃?

在互联网特别是移动互联网、大数据、云计算、人工智能、物联网、区块链技术、互联网金融、科技金融、自动驾驶、共享经济等新一轮技术改革扑面而来的关键时刻,所有传统经济金融技术都将面临结构调整与大革新的重要任务。最重要的就是原有制度政策的条条框框要被冲击与突破。

在这个关键时期,强调要在原有制度政策规定的框框里创新,怎么可能呢?不让突破就等于扼杀创新、不让创新了。

在金融领域监管套利与逃避现有监管制度的创新,绝不能扣上伪创新、假创新的帽子。在美国,从 20 世纪 60 年代开始,金融创新就是奔着现有监管制度的漏洞而来的。金融企业钻金融监管漏洞创新出金融产品,金融监管机构发现后,立马补上漏洞;然后,金融企业再寻求新的监管漏洞从而再创新金融产品,监管机构再弥补漏洞、完善监管制度……这样就形成了一个良性循环的局面:金融机构创新—监管机构完善漏洞监管—金融企业再创新—监管机构再完善监管制度,最后达到了金融产品越来越丰富、金融监管政策越来越完善的局面。

中国已经确定了创新、协调、绿色、开放、共享的发展理念,这非常好,创新被放在五大理念之首;中国政府已经确立了"大众创业、万众创新"的要求。过度强调防止假创新、伪创新,与这些理念要求不合拍。"万众创新"哪能不出现一点问题呢?过度强调防止假创新、伪创新,必将会使人担心被扣上假创新的帽子而不敢创新。

以所谓的"防止脱离实体经济的假创新和伪创新"为借口,打压创新,遏制创新、阻止创新、破坏创新,实则是维护传统落后产业,保护既得利益。

一个好的制度环境,既要鼓励创新,更要容许创新失败,还要允许少量假创新的存在。只要有好的机制,有优胜劣汰的市场体制,只要相信市场开放机制的净化器作用,在真创新层出不穷的情况下,假创新就会失去市场。

在中国监管部门把防止假创新、伪创新作为"主旋律"与重点工作时,美国发生了三件事情。一是亚马逊宣布进入互联网金融领域,与美林银行合作发放线上客户贷款。二是美国两家传统零售巨头宣布破产。2018 年 11 月,美国连锁超市 Tops Friendly Market 宣布破产,拥有近百年历史的连锁超市公司温迪克西公司(Winn-Dixie)母公司 BI-LO 也在 2018 年宣布破产。三是马斯克的超级高铁获得华盛顿市政府口头批准,开始准备性的挖掘工作。而美国超级高铁公司 Hyperloop TT(HTT)于 2018 年 7 月与贵州铜仁签署合约,将在铜仁市建设一条 10 公里长的超级高铁线路。鼓励创新、激励创新,给创新最大的包容与理解,给创新最大的市场空间与自由空间,保护好中国在互联网商用上的创新好局面,应该成为最强的主旋律。

不必急于将互联网金融业务纳入 MPA

如何监管互联网金融成为令监管部门烦恼的课题。2017 年,有两件事情引起了较大反响。

一是央行主导的网联,要把支付宝、微信支付收编,即商业银行与支付宝、微信的直连模式将改为将两者都先接入到网联,由网联作为清算中心间接转账。这被网友调侃为,支付宝与微信修了个高速公路,结果央行在上面设了个收费站。

另一件事是央行透露,要将规模较大、具有系统重要性特征的互联网金融业务纳入宏观审慎评估体系,即 MPA(Macro Prudential Assessment)。

什么是系统重要性?什么又是 MPA 呢?

系统重要性是央行依据国际系统重要性银行概念而来的。全球系统重要性银行,是指全球银行业监管机构于 2011 年 7 月 21 日圈定了 28 家具有全球系统重要性的银行,并建议对其实施 1%～2.5% 的附加资本要求。在特定条件下,最具系统重要性的银行可能面临最高 3.5% 的附加资本,以避免金融危机重演。巴塞尔银行监管委员会公布的咨询文件罗列了全球系统重要性银行的评定标准。金融稳定委员会(FSB)于 2011 年 11 月初将评定标准提交给 G20 戛纳峰会并已经获得核准。中国工商银行、农业银行、中国银行和中国建设银行最早入围其中。目前,金融稳定委员会对以上 4 家中国银行的附加资本要求均为 1%,对汇丰和摩根大通的附加资本要求最高,为 2.5%;巴克莱银行、花旗集团等为 2.0%,美国银行、瑞士信贷等为 1.5%。

MPA 是央行根据巴塞尔银行监管委员会全球系统性重要银行概念而来,一般指的是央行对商业银行资本和杠杆情况、资产负债情况、流动性、定价行为、资产质量、外债风险、信贷政策执行等 7 个方面的评估。从 2016 年起，央行对商业银行将现有的差别准备金动态调整和合意贷款管理机制升级为"宏观审慎评估体系"。在央行的 MPA 考核中，得分高的银行将享有奖励性的准备金利率。

从中可以看出，MPA 主要是对商业银行进行监管的，它其实不适合对互联网金融公司进行监管。互联网金融与传统金融不是一回事。互联网金融诞生的基础是互联网平台大量的商业应用，传统银行有这个基础吗？没有。互联网金融依靠网络积累的大数据，通过云计算挖掘数据进行征信获取交易对手的信用状况，传统银行有这个能力吗？没有。互联网金融只要一部手机就能在任何地方、任何时间进行金融交易，传统银行能做到吗？不能。互联网金融公司往往只有一项单独的金融业务，比如支付结算、投资理财、众筹、网贷，而不像传统银行等金融机构业务大而全……从中可以看出，将互联网金融纳入系统重要性金融机构监管是不合适的。

整体来看，中国互联网金融还很年轻，仍然处在创新之中。还是那句话，监管绝不能跑到创新前面，应该给互联网金融发展以更大的空间与时间。

当然，不是说对互联网金融的风险就应放任自流，对 P2P 金融乱象必须重拳整治，应该彻底铲除将线下高利贷搬到网上骗取客户资金财富的假冒互联网金融平台。

但提出建立互联网金融技术行业及国家标准，制定互联网金融领域的金融数据安全使用管理办法，构建维护互联网金融安全的技术体系，构建以商业银行作为第三方资金托管的机制，建立健全互联网金融的准入、退出机制和运行规范等都是保守落后思维在作祟,都是不懂新金融运行本质与规律的体现。

英国央行对金融科技的监管值得学习

金融科技受到全球各界的巨大关注,呈现出了这样的一个画面:科技企业磨刀霍霍,准备大干一场;传统金融机构人心惶惶,半夜醒来惊出一身冷汗。

笔者接触到的一些科技行业专业人士认为,在工业4.0核心技术基础上的新模式,传统行业是很难介入成功的。比如自动驾驶技术,必是谷歌等高科技企业才能成功,传统汽车行业已经被传统技术禁锢了思想。

金融科技同样如此,传统行业金融机构与科技金融企业的思想基础完全不一样。现代科技与传统金融结合是有一定难度的。科技企业另起炉灶介入金融,创造出的金融科技才是科技与金融的完美融合。3年以后,笔者才彻底理解了2014年在杭州与阿里巴巴技术总监王坚座谈时,他一再强调互联网金融与传统金融不是一码事的含义。

无论是互联网金融时代的网络支付,各种互联网理财、网贷,还是人工智能金融的智能投顾、加密数字货币,还有区块链金融等,都对传统金融起到了革命性、颠覆性的冲击。

面对这种冲击,传统金融应该拥抱互联网金融、科技金融、区块链金融,而不是怂恿监管部门，与其一起阻碍互联网金融的发展。这是传统金融自断后路。

监管部门应该保持一个清醒头脑。对待金融科技多一些包容，多一些观察，给科技金融一个问题暴露期，也给自己一个认识清楚期。

笔者看到一则关于英国央行对待金融科技的消息，感受良多。

英国央行总裁马克·卡尼（Mark Carney）称，金融科技企业在为客户和企业创造机会。金融科技可以使消费者更容易、更高效地管理资金，避免出现费用较高的透支；还可以引导投资者获得较廉价的信贷，免于陷入赤字。"在这个过程中，可能会对现有银行的业务模式产生深远影响。"卡尼表示。金融科技通过智能手机 App 提供支付服务，汇总不同银行账户和余额。2017年 1 月开始实施的欧盟新规定使这些企业更容易与银行竞争。

同时，英国央行对传统银行的压力测试不甚满意，认为其夸大了自己的能力，低估了金融科技对其的冲击。英国央行称，接受测试的银行认为，即便不对业务模式做出重大调整或承担更大风险，它们也可以应对长期的低增长和来自金融科技企业的竞争。但英国央行称，金融科技的兴起对银行业务模式的影响程度可能比银行自己预期的更大更快。

数据说明问题：英国主要银行年度税前获利中透支费收入的贡献为 26亿英镑（约合 228 亿元人民币）。此外，银行可能被金融科技夺走大约 8 亿英镑（约合 70 亿元人民币）的支付服务费收入，金融科技还可能打破或削弱银行及其客户之间的联系，来自金融科技的竞争加剧意味着银行可能需要将市场营销支出加倍,这将导致年度税前获利总额减少 10 亿英镑(约合 87 亿元人民币)。

一边鼓励金融科技发展,另一边让传统银行做好应对,并把金融科技列入欧盟新规里,使其合规合法地发展,英国央行不愧为全球最老牌的金融管理者!